KB039936

은퇴 후에도
나는 더 일하고 싶다

은퇴 후에도
나는 더 일하고 싶다

DESIGN CREPAS

은퇴 후에도
나는 더 일하고 싶다

초판 1쇄 발행 2017년 3월 27일 / **2쇄 발행** 2017년 4월 7일 / **3쇄 발행** 2017년 5월 8일

지은이 최재식
펴낸이 장미옥
펴낸곳 디자인크레파스
편집 이상우
표지일러스트 이현세
본문일러스트 김성라
디자인 어윤희
출판등록 2008년 10월 13일(제2-4997호)
주소 서울시 중구 충무로 4가 306번지 남산센트럴자이 A동 205호
전화 02-2267-0663
팩스 02-2285-0670
이메일 crayon0663@hanmail.net / **홈페이지** www.designcrepas.com
인스타그램 www.instagram.com/designcrepas
일원화공급처 (주)북새통 / 전화 02-338-0117

ISBN 979-11-950660-2-5 03320 © 최재식, 2017

이 책은 저작권법에 따라 보호받는 저작물이므로 무단 전재와 무단 복제를 금지하며,
이 책 내용의 전부 또는 일부를 이용하려면 반드시 저작권자와 디자인크레파스의 동의를 받아야 합니다.

*책값은 뒤표지에 있습니다.
*잘못된 책은 구입하신 서점에서 바꿔드립니다.

이 도서의 국립중앙도서관 출판예정도서목록(CIP)은
서지정보유통지원시스템 홈페이지(http://seoji.nl.go.
kr)와 국가자료공동목록시스템(http://www.nl.go.kr/
kolisnet)에서 이용하실 수 있습니다.(CIP제어 번호 :
CIP2017006429)

인생은 은퇴로
끝나지 않는다

어떻게 하면 좋은 삶을 살다 갈 수 있을까?

답을 찾고 싶다면 인생 반살이 즈음부터 2막을 준비하라.

누구나 단 한 번 사는 인생이다.

인생 1막을 마무리하는 지금,

2막은 그보다 행복해야 하지 않겠는가!

몇 년 전, 나는 60세의 나이로 37년간의 1차 현직을 졸업했다. 단 한 번의 공백도 없이 정말 운 좋게 인생 1막을 마감한 것이다. 그런데 문득 '이제 어디로 가지?'라는 생각이 든다. 왜 이렇게 흔들리는 것일까? 대낮 지하철에서 '내가 이 시간에 왜 여기 있지?'

라는 생각이 들면서 공허해지는 나를 발견한다. 이것이 내가 은퇴와 처음으로 마주 서는 순간이었다. 아! 인생 2막의 출발점부터 이렇게 어려운 것인가? 그러면 이제 나는 어떻게 살아야 하나? 이런 생각을 하는 순간에도 시간은 내 옆을 천천히, 그리고 무거운 표정으로 지나가고 있었다.

2200여 년 전, 중국의 진시황은 어떤 심정으로 신하들에게 불로초를 구해오라 했을까? 그에게는 오래 살아야 할 어떤 분명한 이유가 있었던가? 그냥 속절없이 늙어가는 삶을 위해 불로장생을 바라지는 않았을 것이다.

《걸리버 여행기》에서 걸리버는 사람들이 영원히 죽지 않는다면 얼마나 좋을까라는 기대감을 안고 불사의 땅을 찾아간다. 하지만, 그곳에서 죽지는 않지만 혐오스러운 존재로 변해가는 노인들을 보게 된다. 그들에게는 자연의 섭리에 대한 기쁨도 즐거움도 모두 사라지고 없었으며, 닥치는 대로 먹고 마시지만 식욕도 미각도 사라진 지 오래였다. 온갖 질병에 시달리며 고통을 받지만 죽음은 좀처럼 찾아오지 않았다. 때로는 죽지 않는 것이 고통이 될 수 있다는 의미다.

우리는 누구나 오래 사는 것을 꿈꾼다. 하지만 불로장생보다 중요한 것은 얼마나 '행복'하게 사느냐는 것이다. 티베트의 영적 지도자 달라이 라마 또한 "삶의 목표는 행복에 있다"고 말했다. 그러면서 "마음의 수행을 통해 고통을 가져다주는 것들을 버리고 행복을 가져다주는 것들을 키우면서 행복에 이를 수 있다"고 했다. 하지만 수도승이 아닌 한 마음의 수행만으로 행복해질 수는 없을 것이다. 평범한 사람들에게 먹을 것이 없고, 살 집이 없고, 건강이 나쁘고, 친구가 없고, 할 일이 없어서는 도무지 행복해질 방법이 없기 때문이다.

그렇다면 어떻게 해야 노년을 풍성하고 행복하게 살 수 있을까? 청춘은 나이에 굴복할 수밖에 없지만 인생은 은퇴로 끝나지 않는다. 굴하지 않는 정신만 있다면 은퇴는 끝이 아닌 또 다른 시작일 뿐이다. 그래서 '은퇴하면 대체 뭘 할 수 있을까?'보다 '은퇴하면 못할 게 뭐가 있겠는가?'라고 생각하는 자세가 필요하다.

물론 마음가짐 못지않게 중요한 것은 은퇴를 위한 실질적인 준비다. 적어도 인생 반살이가 지나갈 즈음 인생 2막 준비를 시작해야 한다. 대략 10년은 준비해야 노년이 행복할 것 같지 않은가. 준비 없는 노년, 막연한 낙관주의는 은퇴자들을 벼랑으로 몰아넣는다. 경제적인 준비가 전부는 아니다. 경제적인 것은 물론 심리적인 준비도 필요하다.

'99'세까지 팔팔(88)하게 살다가 2, 3일 앓고 죽으면(4) 된다는 식으로 막연하게 대처해서는 안 된다. 은퇴 이후의 시간은 생각보다 길다. 그냥 흘러가도록 내버려 두다가는 감당할 수 없는 고통을 겪게 될 수도 있다. 때문에 보다 체계적으로 퇴직을 준비해야만 한다.

이 책은 '은퇴변화관리서'이다. 은퇴 변화관리란 바람직한 은퇴생활로 이끌어주는 접근 방법을 가리킨다. 은퇴와 함께 나락으로 떨어지는 것을 방지해주고, 성장과 차별화된 가치를 마련하는 방법을 제시해주는 것이 은퇴 변화관리의 궁극적인 목적이다.

이 책에서 제시하는 것은 노년을 이렇게 살아야 한다거나 노후자금을 이렇게 마련해야 한다는 등의 이야기가 아니다. 기업이 경영혁신을 잘하기 위해서는 혁신하는 방법을 배워야 하듯이, 노년을 성공적으로 준비하기 위해서는 은퇴를 위한 접근 방법부터 배우는 것이 중요하다. 은퇴하면 일할 수 없다는 생각은 편견에 불과하다. 일하는 은퇴는 헛된 웅변으로 치부할 것이 아니다. 이 책의 변화관리 4단계를 따라 준비한다면 반드시 성공적인 인생 2

막을 열어갈 수 있을 것이다.

《장자》의 〈산목편〉에는 사마귀의 우화가 나온다. 사냥꾼이 밤나무 숲으로 날아가 앉은 까치를 향해 활을 겨눈다. 그 순간 자신이 죽을 줄도 모르는 절체절명의 상황에서 까치는 사마귀를 잡는 데 골몰해 있었다. 그런데 사마귀는 근처의 매미를 잡느라 까치의 존재를 몰랐으며, 매미는 그늘 아래서 우느라 사마귀를 보지 못했다.

이처럼 현재의 생활에 골몰하다보면 은퇴라는 위기가 다가오는 것을 미처 깨닫지 못할 수 있다. 현직의 정점에 있을 때 한 발 앞서 은퇴를 생각해야 한다. 즉, 은퇴를 고민하는 지금, 현직생활과 은퇴 이후의 조화가 절실하다.

1988년부터 30년이 지난 지금까지 〈전국노래자랑〉을 진행해온 송해 선생님은 내가 생각할 때 '일하는 은퇴'를 가장 잘 실천하는 분이다. 송해 선생이 1925년생이고 마릴린 먼로가 1926년생이다. 송해 선생이 먼로보다 오빠인 셈이다. 연세가 90이 넘었는데도 집에서 삼식(三食)하지 않고, 나가서 돈을 벌어오는 것은 물론, 전국의 향토음식까지 챙겨오는 평생현역이다.

사람들은 이런 사실만을 부러워한다. 하지만 더 중요한 것은

〈전국노래자랑〉이라는, 송해 선생의 인생 2막을 열어주는 브랜드다. 이 브랜드에는 특별한 스토리가 있다. 우리나라 평범한 국민들의 문화 수준을 대변해주는 〈전국노래자랑〉. 그 프로그램에 특별한 의미를 입힌 송해 선생의 노년 브랜드가 정말 멋있지 않은가.

무용가이자 안무가인 더글러스 던은 "살아 있는 것들을 보라. 사랑하라. 놓지 마라"고 했다. 은퇴한 후에도 의미 있는 삶은 계속된다. 리셋! 인생의 전환점 은퇴를 성공적으로 맞이하자. 준비하라. 다시 시작하라.

'일하는 은퇴' 실천가
최재식

제4단계 꿈을 가꾸는 동안 늘 청춘이다

에필로그 은퇴관리는 노후관리가 아닌 노전관리

제1단계

,

내일이라고
생각하는 순간
이미 늦다

> 은퇴 후 30년.
> 그 긴 세월을, 의미 없이,
> 힘겹게 살아도 좋은가?

①
은퇴는 가깝고
노후는 멀다

우리 앞에 놓인 '호모 헌드레드'

달도 차면 기울 듯이 인생에도 황혼기가 온다. '생자필멸(生者必滅)'이라는 말처럼 시작할 때가 있으면 마무리할 때도 온다. 그러나 의학이 발전한 요즘에는 어지간해서 잘 죽지 않는다. 가끔 배고파 죽겠다, 배불러 죽겠다, 힘들어 죽겠다, 심심해 죽겠다고 넋두리하지만, 인생 100세 시대를 내다보면서 운 없으면 100세를 훨씬 넘게도 살 수 있다.

우리는 100세 삶이 보편화되는 호모 헌드레드 시대를 살고 있다. 호모 헌드레드(Homo-hundred)는 국제연합(UN)이 2009년에 작성한 〈세계 인구 고령화 보고서〉에서 공식화한 용어다. 이 보고서에 따르면 평균 수명이 80세를 넘는 국가가 2000년에는 6개국에 불과했으나 2020년에는 31개국으로 급증할 것이라고 한다. 100세 이상 장수가 보편화되는 시대가 오고 있다는 뜻이다.

따라서 머지않은 장래에 지하철의 경로우대석이 사라질 수도 있다. 대부분 노인인데 경로우대석이 왜 필요하겠는가. 만약에 있다 하더라도 65세 정도에 앉으려면 계면쩍을 수 있다. 국내 통계청의 인구추계를 보면 우리나라 전체 인구 대비 65세 이상 노인 인구가 현재 10명에 1명 남짓인 것이 2040년에 가면 10명에 3명으로 늘어난다. 국제연합에서는 노인 비율이 7% 이상이면 고령화사회, 14% 이상이면 고령사회, 20%를 넘어서면 초고령사회로 규정한다. 우리나라도 현재 고령화사회에서 조만간 고령사회로 전환될 전망이다.

통계청의 '2015년 인구주택총조사'에서 우리나라 100세 이상 인구는 3,159명으로 집계되었다. 2010년 1,835명에서 1,324명이 늘어난 수치다. 그래서 그런지 얼마 전부터 〈100세 인생〉이라는 노래도 유행하고 있다.

그냥 100세까지는 살아야겠으니 저승사자가 데리러 와도 이런저런 이유로 못 간다고 전하라는 노래다. 60세에는 '아직 젊어서', 70세에는 '할 일이 아직 남아서', 80세에는 '아직은 쓸 만해서', 90

세에는 '알아서 갈 테니 재촉 말라고', 100세에는 '좋은 날 좋은 시에 간다고' 말이다.

이처럼 온갖 이유를 붙여서 저마다 장수를 꿈꾸지만 결국 마지막 순간은 찾아온다. 〈변신〉으로 유명한 실존주의 소설가 프란츠 카프카는 "삶이 소중한 이유는 언젠가 끝나기 때문이다"라고 했다. 장수시대이긴 하지만 유한한 삶을 더 소중하게 여기고 살아야 할 것 같다.

그렇다면 100세 시대를 어떻게 살아야 잘 살았다고 할 수 있을까? 장수는 축복일 수도 있지만 동시에 엄청난 위기일 수도 있다. 자신의 노후를 누군가가 준비해주지 않았다고 불평해봐야 소용없다. 모두에게 찾아올 인생 100세 시대. 결국 스스로 준비할 수밖에 없지 않은가.

새롭게 시작해야 할 30년

우리나라의 평균수명이 1960년 52세, 1970년 61세 정도였으니까 과거에는 인생 60세를 넘기기 어려웠다. 그런데 지금은 평균수명이 82세를 넘어섰다. 젊어서 사망하는 경우를 제외하면 대

은퇴 후에도 나는 더 일하고 싶다

체로 90세까지 사는 것이 그리 어렵지 않다. 그래서 요즘 사람들의 생애 주기를 보면 대략 '트리플 30(Triple 30)'이다. 태어나서 교육받고 성장하는 퍼스트 에이지(First age) 30년, 현역생활을 하는 생산 활동기인 세컨드 에이지(Second age) 30년, 은퇴 후 노년기인 서드 에이지(Third age) 30년으로 인생이 나뉘는 것이다.

이 중에서 서드 에이지 30년은 예전에 없던 개념이다. 과거의 사람들은 태어나서 부모 밑에서 자라고 성인이 되어 자식을 낳아 키우면서 현역생활을 하다 바로 삶을 마감했다. 은퇴기라는 개념 없이 대체로 60평생을 살다간 것이다. 그러다 비교적 근래에 와서 수명이 크게 연장되고 정년과 연금이라는 사회제도가 생겨나면서 30년이나 되는 은퇴기가 새로 생겨났다.

요즘 사람들에게 언제나 현직일 거라는 생각은 착각이다. 인생 60줄에 접어들면 무대의 주인공 자리를 후배들에게 물려주고 은퇴해야 한다. 젖은 낙엽처럼 바닥에 붙어 쓸려 나가지 않으려고 발버둥쳐봐야 소용없다. 정년이 있고 설사 그것이 없는 경우에도 사회구조상 평생현역은 기대하기 어렵기 때문이다. 조병화 시인의 〈의자〉라는 시처럼, 나이 들면 아침을 몰고 오는 분에게 묵은 의자를 비워주고 떠날 수밖에 없다.

직장에서 56세까지 자리를 지키고 있으면 도둑놈이라는 '오륙도'라는 말이 있듯이, 대부분의 직장에서는 50대 중반 즈음에 물러나는 것이 보통이다. 공무원이나 공공기관의 경우 조금 더 버틸 수 있지만 길어야 60세 남짓이다. 그런데 많은 직장인들은 정년 후에 맞게 될 변화에 아랑곳하지 않고 생각 없이 정년을 향해 달려가고 있다. 퇴직 이후에는 소득이 단절되거나 급격하게 줄어들고, 할 일이 없어 공허한 나날을 보낼 수 있는데도 말이다.

옛날에는 자식에 의한 부양을 기대할 수 있었지만 요즘은 아무리 돈 들여 자식농사를 잘 지었다 해도 자식에게 기대기 힘들다. 오히려 모든 것을 자식에게 투자하고 무일푼이 된 노년은 포커게임에서 올인한 경우와 다를 바 없고, 개밥의 도토리 신세가 되기 십상이다.

연금이 있기는 하지만 그것으로 노년의 경제문제가 모두 해결되는 것은 아니다. 고령화가 진전되면서 공적 연금의 재정 부담은 점차 늘어나고 그래서 연금은 줄어들 수밖에 없기 때문이다. 연금 이외의 다양한 재무적인 준비가 필요하다.

경제적인 것이 어느 정도 준비됐더라도 하는 일 없이 30년 세월을 보내는 것 역시 만만치 않을 것이다. 노년의 행복이란 무엇이겠는가? 진정으로 하고 싶은 일을 하면서 공작새가 날개를 펴듯 자존감 있게 살아가는 것이 아니겠는가. 노는 것 하나도 제대로 하려면 상당한 준비가 필요한데, 하물며 은퇴 후 30년을 자존감 있게 살아가려면 도대체 얼마나 많은 준비를 해야 할까?

"퇴직하면 어때, 그냥 잘살면 되지"라고 쉽게 말하는 사람도 있다. 하지만 30년이라는 세월은 만만치 않다. 진짜로 원하는 삶을 위하여 미리 각오해야 한다. 성공적 인생 2막의 비결은 열정을 갖고 성실하게 준비하는 것에 달려 있다. 생의 마지막 즈음에 '이렇게 오래 살 줄 알았더라면' 하고 후회할 것이 아니라 "나는 좋은 삶을 살다간다" 하고 웃으며 말해야 할 것 아닌가.

마흔 버릇, 아흔 간다 - 계획을 실천하는 방법

2015년을 기준으로 60세의 기대 수명은 약 25년이다. 60세에 퇴직해 85세까지 산다고 가정했을 때 21만 9,000시간이 주어지는 것이다. 이 시간을 위해 뭔가 준비해야겠다고 마음먹었다면 먼저 가장 최근에 보낸 휴일에 있었던 일을 생활계획표에 그려보자. 거짓 없이 사실 그대로 적어야 한다.

그런 다음 자신이 계획만 하고 실천하지 못했던 일 하나를 골라 30분만 그것에 투자할 수 있도록 계획표를 수정하자. 이제 돌아오는 다음 휴일에는 새로 추가된 '그 일'부터 하자.

우리에게 안 바쁘고, 안 피곤하고, 걱정 없는 때는 없다. 그러니 지금 해야 한다. 할 수 있는 것부터 하자. 중간 중간 빼먹어도 괜찮다. 포기하지 않고 반복, 반복, 또 반복해서 좋은 버릇, 좋은 습관을 들이는 게 핵심이다. 휴일마다 TV 앞에서 리모컨만 붙잡고 있던 직장인이 퇴직했다고 갑자기 바뀌지 않는다. 마흔 살 버릇이 아흔 가는 법이니 말이다.

은퇴 후에도 나는 더 일하고 싶다

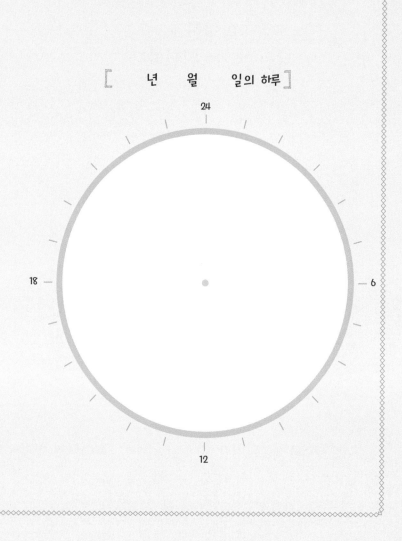

[년   월   일의 하루]

2

막연한
낙관주의는 위험하다

아픈 노년에 대한 오해

이리저리 휘둘리고 흔들리면서 정신없이 현역생활을 하다가 은퇴와 마주 서는 순간 심장이 빠르게 뛰고 가슴이 두근거린다. 직장의 모든 골치 아픈 일들이 한순간 사라진 시원함 때문일까, 아니면 평생 일해온 직장에서 갑자기 밀려난 느낌에서 찾아오는 섭섭함 때문일까?

은퇴를 맞이한 느낌은 사람마다 다를 것이다. 시원해하는 사람, 섭섭해하는 사람, 시원섭섭해하는 사람, 분노하는 사람, 아무 느낌이 없는 사람까지 수없이 많을 것이다. 하지만 이런 감정은 단지 퇴직한 직후의 느낌일 뿐이다. 길고도 지난한 은퇴기 30년을 생각하면 은퇴는 대개 부정적 이미지로 다가온다. 대부분의 사람들에게 은퇴기가 갖는 특징은 경제적, 사회적, 신체적, 인지적 능력의 하락이다.

나이 들어가는 것과 알파벳 'D'로 시작되는 단어들은 긴밀하게 연관된다. 나이가 들면 경제적으로 곤란(Difficult)해지고, 신체적으로 쇠퇴(Decline)하며, 사회적 관계망에서 멀어진다(Disengagement). 경제는 악화(Deterioration)되며, 신체와 인지기능이 퇴화(Degeneration)되는 것은 물론 잦은 질병(Disease)에 시달린다. 그리고 결국 우울(Depression)하게 자녀나 사회에 의존(Dependency)하다 죽음(Death)을 맞이하는 것이 인간이다.

일반적으로 나이 들면 돈이 없어 애쓰거나, 남한테 빌리러 다니거나, 금전관계로 자식들 속 썩이는 일이 잦아진다. 뒷방 늙은이가 되어 남에게 쉽게 다가가지 못하고, 서러운 마음이 자주 들기도 한다. 사람들과 부딪치는 것이 불편해 사람들이 다니지 않는 길로 다니게 된다. 어디 그뿐인가. 몸이 아파 돌아다니지 못하고 방구석에서 신세타령만 하기 일쑤다. 그래서 아프지 않고 돌아다니는 것이 제일 부럽다. 곱게 늙지 못하고, 미운 마음 쓰며, 남한테 추하게 보이는 경우도 많다. 너그러운 소리도 못하고, 남에게 베풀지도 못한다. 자기 일에 만족하고 살아야 하는데 항상 뭔가 불만이다.

"그냥 사니깐 살지, 다 그냥저냥 사는 거야"라는 넋두리를 자주 한다. 내 인생에 무슨 의미가 있었는지 자문해보며 당혹감을 느끼기도 한다. 인생의 2군 선수, 구경꾼, 젖은 낙엽, 폐가전제품 같은 것들과 나를 동일시하게 된다. 쭈글쭈글 궁상맞고 추하고 한심하고 죽고 싶기도 하다. 이 모든 것은 준비되지 않은 노년의 아픈 모습이다. 이러한 부정적 이미지의 은퇴를 쉽게 떨쳐버릴 수 없다.

하지만 나이 들면서 자신의 삶을 바라볼 때 어디에 방점을 두어야 하는가? 그냥 나이 듦의 부정적 이미지인가, 아니면 여전히 결실하며 새롭게 성장하는 긍정적 이미지인가? 만약 후자에 방점을 둔다면 안데르센의 동화 〈미운 오리 새끼〉처럼 자신의 진정한 정체성을 깨닫는 것이 중요할 것 같다. 막내 오리는 생김새가 다른 아기 오리들과 전혀 달랐다. 하지만 방황 끝에 오리는 처음부터 자신이 백조였다는 것을 발견한다. 미운 오리 새끼가 원래 아름다운 백조였듯이 아름다운 노년이 본래 진정한 노년이라는 것을 깨달아야 한다. 결코 포기할 수 없는 아름다운 노년을 위해 아픈 일상의 노년이라는 흔적들은 지워버리자.

은퇴는 여가의 시작이 아니다

미국의 노인학 권위자인 헤롤드 코닉 박사는 《아름다운 은퇴》에서 "은퇴는 여가의 시작이 아니다"라고 했다. 가치 있는 목적을 가진 삶의 중요성과 은퇴 후의 삶을 준비하는 법에 대해 조언하며, 다양한 활동을 통한 가치 실현, 건강 유지법을 소개한 이 책에서 그는 안락한 여가생활을 위해 직장을 떠나는 것을 결코 아메리칸 드림처럼 여기지 말아야 한다고 경고한다.

미국의 여가문화가 발전하기 시작한 것은 1960년대 애리조나에서 '선 시티(Sun City)'라는 은퇴자 커뮤니티가 출범하면서부터다. 선 시티는 노인들의 여가와 개인적 삶을 위해 설계되었으며 엄청난 성공을 거두었다. 이후 비슷한 은퇴자 커뮤니티가 수없이 건설되었고, 이런 공동체에서 여가를 즐기면서 살아가는 것이 성공적인 노년기의 상징처럼 되었다. 하지만 1980년대 이후 이들 공동체는 급격히 쇠퇴한다. 즐겁기만 하고 의미 없는 인생을 보내는 것은 행복이 아니라는 것을 깨달았기 때문이다. 여가생활만으로 은퇴 후의 시간을 보내는 것이 결코 쉽지 않다는 의미다.

인간은 일을 해야 살 수 있는 존재이다. 일은 인생에서 매우 중요한 의미를 갖는다. 노년에도 그것은 마찬가지이다. 사람들은 자기 정체성과 존중의 원천이 되는 일이 없어지면 좌절감과 상실감을 느끼게 된다. 낸시 마이어스가 연출하고 앤 해서웨이와 로 버트 드 니로가 주연을 맡은 영화 〈인턴〉은 나이가 일을 하는 데 장벽이 될 수 없다는 것을 보여준다.

인터넷 의류업체 30세 여성 CEO 줄스 오스틴은 기업의 사회 공헌 차원에서 65세 이상 노인을 대상으로 하는 인턴 프로그램을 시작한다. 전화번호부 회사에서 근무하다 은퇴한 70세의 벤 휘 태커는 자신의 자존감을 높이기 위해 인턴 프로그램에 지원한다. 줄스는 처음에 벤에게 회의적이었으나 벤의 연륜에서 묻어나는 처세술과 각종 노하우들에 점점 신뢰를 갖게 되고, 둘은 나이를 뛰어 넘어 베스트 프렌드가 된다.

이 영화는 단순히 노년의 무료함과 이를 극복하는 과정을 그 리는 것 같지만, 일 없는 노년의 일그러진 초상을 직시하게 하고, 일을 통해 노년의 정체성을 찾아야 한다는 소중한 메시지를 담고 있다.

'하루는 저녁이, 1년은 겨울이, 일생은 노년이 여유로워야 한 다'는 말이 있다. 마지막이 여유로워야 한다는 의미일 것이다. 그 러나 일로부터 해방되는 삶의 자유, 즐거움, 휴식 등을 누리는 여 가가 노년의 일상생활 자체가 되어서는 안 된다. 자신에게 부여 된 일정한 역할 없이 막연하게 보내는 긴 자유시간은 노년의 삶 을 해친다. 퇴직 이후 잠깐의 여유로운 허니문 기간이 지나면 일

은퇴 후에도 나는 더 일하고 싶다

제1단계 · 내일이라고 생각하는 순간 이미 늦다

이 있어야 한다. 할 일을 찾지 못하면 인생이 결국 이런 것인가, 이것이 전부인가 하는 생각이 들면서 금세 좌절하게 될 것이다.

준비되지 않은 은퇴는 위험하다

은퇴를 하면 갑작스럽게 수십 년 다니던 직장에서 물러나야 한다. 체감할 수 있는 가장 큰 변화는 매달 나오던 봉급이 없어진다는 것이다. 연금이 나오기는 하겠지만 봉급에 비할 바 못 되고, 그것도 몇 년을 기다려야 나올 수도 있다. 은퇴가 자연스런 인생의 한 과정에서 발생하는 것이라지만 그 변화는 엄청날 것이다. 만약 '그냥 어떻게 되겠지'라는 생각으로 별 준비 없이 은퇴를 맞은 경우에는 실로 엄청난 어려움을 겪게 될 것이다.

은퇴로 인한 소득의 감소나 단절은 우리를 위기로 몰아넣을 것이 분명하다. 자식 낳아 기른 공덕을 노후보험으로 생각했던 것은 이미 오랜 옛날의 일이다. 요즘 젊은이들 중에는 부모가 퇴직할 때까지 취직도 하지 못하고 나이 들어도 분가할 생각 없이 부모에게 얹혀살려고 하는 경우도 있다. 재산 놔두고 자식들에게 안 주면 맞아죽고 다 주면 굶어죽는 세상이라는 험악한 말도 있다. 이렇게 극단적인 상황은 아니더라도 각자 살기 빠듯한 세상에서 자식에게 부양받는 것은 아무래도 기대하기 어려울 것 같다. 퇴직 후 느지막이 식당이나 커피숍 같은 자영업에 뛰어들어 보지만 곧 문 닫고 생활고에 시달리는 사람도 적지 않다. 이것이 주위에서 흔하게 보이는 일반적인 패턴이다. 별 소득 없이 생활고에 시달릴지도 모를 기간이 30년이나 된다고 생각하면 아찔하다.

경제적인 여유가 있다 하더라도 일은 필요하다. 사람이 돈만 가지고 살 수는 없지 않은가. 갑작스레 할 일이 없어진다는 것은 생각보다 큰 충격이다. 아침에 일어나서 갈 곳이 없다. 마음이 움츠려 들고 갑자기 실업자가 된 느낌에 사람들과 부딪치는 것이 불편해지기도 한다. 대낮에 지하철에 올라 '내가 왜 이 시간에 여기에 있지'라는 생각에 가슴이 미어진다. 길거리에 바쁘게 움직이는 사람들을 보면서 괜히 위축되는 나를 발견하게 된다. '나는 이제 어디로 가지?'라는 생각에 눈가에 이슬이 맺힌다. 은퇴를 미리 생각하고 제법 준비해온 나로서도 막상 퇴직하고 보니 막막한 것은 마찬가지였다.

퇴직할 때 명품 구두를 아내로부터 선물 받았다. 평생 신어보지 못한 비싼 구두였다. 뜬금없는 선물에 어리둥절해하는 나에게 그간 고생도 많이 했고 당신 힘 빠진 모습도 싫어서 마련했으니 신어보라고 했다. 그런데 기쁜 마음에 앞서 '이 구두 신고 어디를 가나?'라는 생각이 들었다. 그러니 신어 봐도 힘이 날 리가 없다. 구두를 선물한 아내도 점점 낯익은 타인으로 변해가면서 외톨이가 되는 나를 발견한다. '결국 이 세상에 나밖에 없어……'라는 생각으로 더 폐쇄적인 사람이 되어 간다.

준비되지 않은 은퇴의 심각성을 자각해야 비로소 은퇴 준비에 대한 동기가 부여된다. '그때 가서 생각하지'라는 막연한 낙관주의는 은퇴자들을 위험지대로 몰아넣는다. 스스로 노년을 준비하지 않는다면 가난하고 외로운 노년으로 지낼 수밖에 없다. 은퇴 후 더 행복한 삶을 살 것인지, 더 불행한 삶을 살 것인지는 자신의 선택에 달려 있다. 행복한 은퇴생활을 꿈꾼다면 '그냥 어떻게 잘 되겠지'라는 생각부터 빨리 버려야 한다.

'돌고래를 잡으려면 돌고래처럼 생각해야 한다'는 말이 있듯이 은퇴를 준비하려면 은퇴생활의 실상을 생각해봐야 한다. 은퇴가 가져오는 변화의 어려움을 알아보고 잘 준비해서 은퇴보다 앞서 가야 한다. 스스로 알을 깨고 나오면 병아리가 되지만 남이 깨서 나오면 계란 프라이가 된다고 했다. 그러므로 준비 없이 은퇴와 마주칠 것이 아니라 스스로 준비해서 즐겁게 은퇴를 맞이하자.

③
은퇴에 대한
잘못된 생각들

정말 연금만으로 편히 살 수 있을까

은퇴하면 매달 연금이 나오기 때문에 여생을 걱정 없이 편하게 살 수 있을 거라고 생각하는 사람들이 있다. 과연 그럴 수 있을까? 연금이 도움이 되는 것은 맞다. 현직에 있을 때 울며 겨자 먹기 식으로 낸 보험료가 은퇴 후에는 고마운 연금으로 되돌아온다. 얼마간의 연금을 매달 받으면 자식 몇 있는 것보다 낫다고도 한다. 연금 없이 노년을 살아가기란 상상하기 어려울 것이다. 그래서 노년의 연금은 매우 소중하다.

그런데 연금이 나오니까 여생을 돈 걱정 없이 편하게 살 수 있을 거라는 생각은 착각이다. 공적 연금만으로 충분한 경제적 여유를 누릴 수 있는 사람이 과연 몇이나 될까? 연금이 노년의 소득 상실을 보전해주는 것은 사실이지만, 일부 고액연금 수급자를 제외하고는 대체로 공적 연금만으로 노후를 살아가기는 힘들다. 그래서 현역기간 중에 추가적인 준비도 필요하고, 은퇴 후에도 약간의 소득 활동을 곁들일 필요가 있다.

사실 연금보다 중요한 것은 자신만의 일을 갖는 것이다. 연금으로 경제적인 문제가 어느 정도 해결된다 하더라도 일이 없으면 삶의 질은 떨어질 수밖에 없다. 일 없는 노년은 자기 정체감의 위기와 우울증을 불러올 수 있다. 그래서 삶에 활력을 주고 삶을 강화시키기 위해서는 연금을 받으며 마냥 놀 것이 아니라 가치 있는 일을 해야 한다.

현역 시절에 열심히 일한 대가로 인생의 마지막 3분의 1을 편히 지내려는 것이 지나친 욕심일 수는 없다. 하지만 같은 조건이라면 일하는 노년이 훨씬 더 아름답다. 더구나 연금만 받고 무작정 논다면 연금 비용을 부담하는 현역 세대들에게 부담만 지우는 미운 존재로 비칠 수 있다. 몸을 움직여 무엇이든 젊은 세대에 기여해야 근로기간 중에 낸 보험료보다 더 많은 연금을 받더라도 덜 미안하지 않겠는가.

아직도 어제와 같은 오늘을 바라는가

그냥 먹고 마시고 즐기는 것만으로도 행복한 은퇴생활을 할 수 있을까? 많은 은퇴자들이 집에서 텔레비전을 보거나 복지관에 가서 레크리에이션을 하거나 당구, 탁구, 골프, 등산 등을 즐기면서 살아간다. 그러다 술에 의지하기도 한다. 고립감과 외로움이 클 때는 우울해지기도 하고 배타적이 되거나 집착적인 모습을 보이기도 한다. 주어진 상황에 맞추어 그냥 그대로 하루하루를 살아가는 것이다.

이런 생활이 과연 건강하고 행복한 삶일까? 늘 똑같은 무의미한 삶을 사는 것보다는 다양성과 변화를 추구하면서 무엇인가 세상에 가치 있는 일을 하고 살아야 잘 사는 것 아닐까? 할일이 준비되지 않은 은퇴는 노년기를 무료하게 만들 뿐이다. 영국 작가 밀른의 우화 〈곰돌이 푸와 아기 돼지 피글렛의 사냥 이야기〉는 아무 생각 없이 일상에 갇힌 동물들의 모습을 그리고 있다.

아기 돼지 피글렛은 곰돌이 푸가 생각에 잠긴 채 둥근 원을 그리고 있는 것을 보았다.

"뭐하고 있어?"

푸가 답했다.

"사냥."

같은
자리만
10바퀴째…

은퇴 후에도 나는 더 일하고 싶다

이 말에 피글렛이 다시 물었다.

"정말? 뭘 사냥하는데?"

푸는 발자국들을 내려다보며 말했다.

"어떤 걸 뒤쫓고 있어."

푸가 찾고 있는 것에 호기심이 생긴 피글렛은 푸를 따라 발자국들이 어디로 이어지는지 살펴보았다.

한참 뒤, 이를 지켜보던 친구가 다가와 말했다.

"뭘 찾고 있는 거니? 너희들 지금 같은 곳만 돌고 있는 걸 모르고 있어?"

이 말에 자신의 발을 바닥에 찍힌 발자국들에 대어 본 푸는 깜짝 놀랐다. 자신이 이미 찍어 놓은 발자국을 계속 쫓다 보니 원을 그리며 돌고 있었던 것이다.

이 이야기는 일상의 틀에 박힌 동심원에 자신을 메어 두어서는 안 된다는 메시지를 주고 있다. 다람쥐 쳇바퀴 돌 듯 동심원에 갇힌 삶은 인생을 그냥 흘려보내는 것과 같다. 철학가이자 정치가인 세네카는 "우리는 수명이 짧은 것이 아니라 많은 시간을 낭비하고 있는 것"이라고 했다. 사실 인생은 충분히 길다. 다른 생명들과 한번 비교해보라. 생각 없이 인생을 낭비하고 나서야 뒤늦게 깨닫는 것이 인간이다. 후회를 막을 방법은 지금이라도 자신의 남은 시간을 분명하게 알아차리는 것이다.

예전과 다른 몸, 이대로 당연할까

은퇴 후 몸이 예전처럼 말을 잘 듣지 않는 것은 어쩔 수 없는 것일까? 사람들은 노년의 신체적 쇠락에 대해서는 당연하다고 얘기한다. 어차피 할 수 있는 방법이 없으므로 안달해봤자 소용없다며 포기한다. 그래서 스스로 자기 제한을 해버리기도 한다. 아가리에 유리판을 올려놓은 어항 속 벼룩은 몇 번 톡톡 튀다 유리판에 부딪쳐서 아픈 것을 경험하게 된다. 하지만 유리판을 치워도 여전히 계속 제한된 높이로만 튀어 오르다 탈출하지 못하고 쓰러져버린다. 노후의 건강에 대한 생각도 이와 비슷하다.

건강하게 노후를 보내려면 어쩔 수 없다는 자기 제한부터 풀어야 한다. 나이 들어서도 꾸준히 운동하고, 음식과 체중 조절에 신경 쓰며, 적절하게 스트레스를 관리하고, 정기적으로 건강검진을 받는 사람들은 그렇게 하지 않는 이들보다 훨씬 더 건강한 생활을 영위할 수 있다고 한다. 사용하지 않는 근육은 쇠퇴하고, 힘을 받지 않는 뼈는 미네랄을 잃게 되어 약해지게 된다. 둔해졌다는 것은 몸이 스스로 관리가 필요하다고 우리에게 말해주는 것과 같다.

몸이 답이다. 뛰고 구르고 넘어지고, 비 오듯 땀도 흘려 보고, 그래야 노년에 힘이 난다. 절주, 금연, 바람직한 섭생, 자신의 내

제1단계 · 내일이라고 생각하는 순간 이미 늦다

면과 진지한 대화, 균형 잡힌 생활습관 등은 노년을 행복하게 해준다. 하지만 이 모든 것이 습관이기 때문에 젊은 시절부터 꾸준히 자기 배려를 하는 버릇을 익혀 놓지 않으면 은퇴 후 갑작스럽게 실천하기가 어려울 것이다.

퇴장하는 것은 어쩔 수 없다는 착각

은퇴하면서 사회에서 퇴장하는 것은 자연스러운 현상이니 나대지 말고 곱게 들어앉아 있어야 한다는 이들이 있다. 그러나 은퇴 후에 사회활동을 그만두거나 사회로부터 멀어지는 것은 결코 바람직하지 않다. 노년의 사회적 단절은 정상적인 현상이 아니다. 자신의 위축된 마음과 주위의 편견이 만들어낸 결과일 뿐이다.

인간은 사회적 동물이기 때문에 사회로부터 분리되면 우울증에 시달리고 고립의 아픔을 겪게 된다. 더구나 그냥 퇴장해버리면 오랜 인생 경험에서 나오는 훌륭한 사회적 자원이 모두 무용지물이 된다. 그래서 은퇴 후의 퇴장은 본인에게 해가 되고 사회적으로도 큰 손실이다. 인정받고 존경받는 노년의 현실 참여는 사회를 발전시키는 힘이 된다. 백발은 무기력함과 인생의 쇠락을 의미하지 않는다. 단풍과 지는 해가 산천을 아름답게 물들이듯이 인생의 노년을 한 폭의 풍경처럼 멋지게 살아야 하지 않겠는가.

삶이란 자신의 일에 정성을 쏟아 붓는 과정이다. 노년에 나를 위해, 이웃을 위해, 국가를 위해 일하는 것은 우리 모두의 사명이기도 하다. "그 나이에 이륙은 무슨……. 그냥 조용히 착륙이나 하시지요"라고 함부로 조언한다. 하지만 은퇴기는 새로운 꽃을 피우는 개화기가 될 수 있다. 선택할 권리는 자신에게 있다.

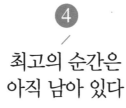

최고의 순간은
아직 남아 있다

내 인생 최고의 순간은 언제인가

영국의 시인 로버트 브라우닝의 시 〈랍비 벤 에즈라〉에서 랍비는 이렇게 외친다.

나와 함께 늙어 가자!
아직 최고의 순간이 오지 않았다.
인생의 후반,
그것을 위해 인생의 초반이 존재하나니.

인생 후반이 최고의 순간이라는 랍비의 외침이다. 힘 빠진 삶으로 비쳐지는 상식을 보기 좋게 뒤엎는 것이다. 비록 최고의 순간이라는 데 동의하지 않더라도 인생의 어느 시기든 소중하지 않은 시기란 없다. 헤밍웨이의 소설 〈노인과 바다〉에서 노인은 삶을 견고하게 이어가는 인간의 본보기다. 아무도 진정한 어부로 보지 않지만 노인은 홀로 먼 바다로 나가 상어와 싸우는 강인한 의지를 보여준다. 그리고 몇 날 며칠에 걸친 사투 끝에 큰 고기를 잡게 되는 성취를 이룬다.

쓸모없어 보이는 것도 모두 쓸모가 있다는 《장자》의 '무용지용 (無用之用)'이 생각난다. 이는 《장자》의 〈인간세편〉에 나오는 말로, 계수나무는 먹을 수 있기 때문에 잘리고 옻나무는 그 칠을 쓸 수 있기 때문에 베어지듯, 쓸모 있음의 용도는 알고 있지만 쓸모 없음의 용도는 알지 못하는 이들을 나무라는 말이다. 이처럼 나이 들면 나이 든 대로 할 일이 있다. 오히려 뒤늦게 시동이 걸린 인생도 의외로 많다. 아무리 나이가 많아도 당신이 있어야 할 자리는 분명 당신을 기다리고 있을 것이다.

도전하는 사람이 쇠사슬을 끊는다

　직장인들에게 은퇴란 피해갈 수 없는 숙명이다. 나이 들면 어쩔 수 없이 인생 1막에서 퇴장할 수밖에 없지 않은가. 아깝다고 계속해서 유지할 수 있는 현직이 아니라면 차라리 은퇴를 선택하자. 실존주의 철학자 샤르트르가 말했듯이 인생은 B(Birth, 탄생)와 D(Death, 죽음) 사이의 C(Choice, 선택)가 아닌가.

　은퇴는 인생의 한 과정 중에 일어나는 자연적인 것이다. 그러니 결코 낙심하거나 포기할 일이 아니다. '늙으면 죽어야지'라는 말을 입버릇처럼 하면서 자기 마음을 관념과 체념의 사슬에 묶어두어서는 안 된다. 경제학에서 흔히 인용하는 '코끼리와 사슬 증후군'은 역설적으로 새로운 가능성에 도전하기 위한 자기 확신이 필요하다는 것을 보여준다.

　서커스 무대 뒤쪽에 거대한 몸집의 코끼리가 쇠사슬에 묶여 있다. 코끼리는 마음만 먹으면 그 사슬을 끊어낼 수 있지만 슬픈 눈망울만 깜빡이며 그 자리에 서 있다. 마음만 먹으면 충분히 할 수 있는 일을 할 수 없다고 믿고 포기하는 것, 이것이 '코끼리와 사슬 증후군'이다. 은퇴 역시 이와 다르지 않다. 은퇴는 선택이고 새로운 도전이다. 자신 있게 도전하는 사람만이 자신을 묶은 쇠사슬을 끊어낼 수 있다.

49

은퇴, 새로운 삶을 살아갈 기회

하늘을 자유롭게 나는 새들을 보라! 그리고 그들의 자유가 우리에게 무엇을 말하는지 생각해보라. 여기저기 옮겨 다니면서 사는 그들의 생활방식이 무척 흥미롭지 않은가. 우리가 시도해볼 수 있는 또 다른 삶의 형태일 것 같다. 마음을 열고 주위를 거닐면서 지금과는 다른 새로운 은퇴 후의 생활에 대해 생각해보자. 아마 현역 시절과는 다른 새로운 삶의 목적을 발견할 수 있을 것이다. 단 몇 초 만에 가슴을 울렁거리게 만드는 비전을 만들어보자.

"Tomorrow is another day!"

내일은 또 다른 태양이 뜬다!

영화 〈바람과 함께 사라지다〉의 마지막 명대사이자, 주인공이 절망적인 일에 맞닥뜨렸을 때마다 다짐했던 말이다. 이 영화는 소설가 마거릿 미첼이 1936년에 쓴 소설을 바탕으로 1939년에 개봉한 영화다. 영화의 명대사처럼 은퇴 후에는 또 다른 은퇴 후의 태양이 분명히 뜰 것이다.

영국의 낭만주의 시인 퍼시 셸리는 '별을 동경하는 불나방의 열정'을 노래했다. 이성과 합리, 절대적인 것을 거부하고 자유로운 공상 세계를 동경하며, 감성과 상상력을 중시하는 낭만주의 정서 속에서 미물에 불과한 불나방이 주제넘게 별을 동경한다. 별을 동경하는 불나방과 같이 낭만과 열정을 쫓아가는 것도 노년에 또 다른 태양을 맞이하는 것이 아닐까.

현역 시절에는 이성과 규범에 갇힌 직장생활을 할 수밖에 없더라도 은퇴 후에는 낭만을 즐길 여유가 생긴다. 나이 들어 좋은 점은 더 이상 누구의 눈치도 볼 필요가 없다는 것 아니겠는가. 자기다운 일을 자기답게 하고, 자신의 영혼이 이끄는 삶을 살면서, 자신만의 차별화된 브랜드를 구축할 수 있다면 그것보다 좋은 은퇴가 또 있을까.

은퇴는 이전과 다른 새로운 삶을 살 수 있는 기회이다. 자신의 아이디어에 따라 그야말로 무궁무진한 선택지가 기다리고 있다. 새로운 비전과 계획이 있다면 은퇴는 당신을 멋진 인생으로 안내할 것이다.

거꾸로 하면 비로소 보인다
- 내 인생의 우선순위 찾기

　은퇴를 하면 누구나 앞으로의 시간이 많이 남았다고 생각한다. 이런 생각과 함께 하고 싶은 일도 늘어나기 때문에 좀처럼 우선순위가 잡히지 않는다. 그럴 때는 '내 인생이 한 달 남았다면', '3일 남았다면'이라는 가정을 하고 인생 끝자리에서 삶을 바라보자. 아마 후회 없는 삶을 위한 우선순위가 보일 것이다. 아래 순서에 따라 인생의 우선순위를 정하고 무엇이 가장 중요한지 파악하자.

1단계 : 내 인생에 가장 중요한 10가지를 적는다.

2단계 : 이 중 가장 잃고 싶지 않은 순서대로 번호를 붙인다.

3단계 : 내가 실제로 시간을 어떻게 쓰고 있는지
　　　　순서대로 번호를 붙인다.

4단계 : 엉뚱한 곳에 최선을 다하고 있다면 중요도에 따라
　　　　행동을 바꾼다.

1단계	2단계	3단계	4단계
내 인생에서 가장 중요한 것	우선순위 (잃고 싶지 않은 것부터)	현재 내가 주로 시간을 쓰는 일	중요도에 따른 행동 변화

제2단계

,

꿈꾸고
가꿔야 할
내일은
충분하다

66

인생 2막!
내가 잘할 수 있고,
꼭 해야만 하는, 가슴 뛰게 하는
그것은 무엇인가?

99

1

나이들수록
젊게 사는 사람들

당신에게는 남다른 내일이 있는가

정년이 다가오고 있다. 지금의 직장이 언제나 보금자리가 될
수 있으면 좋으련만 그것은 불가능하다. 때가 오면 언젠가는 물
러나야 한다. 갑자기 직장에서 밀려나는 모습을 상상하면 외롭고
두렵기까지 하다. 이것은 재앙이다. 무언가 대책이 필요하다고
느껴지지 않는가?

무엇보다 자신에게 강력하게 어필하는 새로운 비전을 정립해
야 한다. 비전 없는 단순한 은퇴 프로그램만으로는 실패할 가능
성이 높다. 비전은 단시간에 명쾌하게 설명할 수 있어야 한다. 이

러한 비전이 없으면 미래를 준비하는 데 소극적일 수밖에 없다. 비전은 어떤 일에 동기를 부여하고 에너지를 제공한다. 즉, 비전이란 미래에 대한 그림으로, 바람직한 미래를 찾아가기 위한 이정표 역할을 한다.

우스갯소리지만 미국의 대법관 홈즈의 일화는 비전이 무엇인지 잘 알려준다.

홈즈 판사는 자신의 기차표를 찾을 수 없었다. 승무원은 걱정하지 말고 나중에 표를 찾으면 우편으로 보내달라고 말했다. 하지만 홈즈는 승무원에게 이렇게 말했다.

"고맙소. 하지만 기차표가 있어야 내가 어디까지 가서 내려야 할지 알 것 아니오?"

은퇴는 패러다임의 전환을 요구하기도 한다. 생각의 틀, 가치의 기준 등 모든 것을 다 바꿔야 한다. 점진적 전환이 아니라 아예 처음부터 틀을 바꿔야 한다. 패러다임 전환이란 과학혁명의 구조에서 과학이 점진적으로 발전하는 것이 아니라 어느 순간 한꺼번에 발전한다는 것을 의미한다. 천동설에서 지동설로 단번에 바뀌듯이 말이다. 이처럼 은퇴 후에는 현직과는 전혀 다른 가치의 일을 하면서 살아야 한다. 비전이 없다면 어떻게 이 엄청난 변화를 감당할 수 있겠는가.

30년의 수명 보너스, 이것은 과거에 기대하지 못했던 뜻밖의 선물이다. 건강수명도 함께 늘어나 몸이 멀쩡한데 무슨 일이든 못하겠는가. 옛말에 '한 걸음 물러서면 하늘이 높고 땅이 넓은 것이 보인다'라고 했다. 현재 위치에서 한 걸음 물러나 앞을 바라볼 때, 흔들리지 않고 명확한 은퇴 후 30년의 비전이 필요하다.

오늘보다 나은 내일을 살고 싶다면

은퇴는 삶의 궤적에서 큰 전환점이 된다. 은퇴로서 끝나는 것이 아니다. 은퇴는 인생의 한 단계 과정을 졸업하고 새로운 다음 단계로 진입하는 과정이라 할 수 있다. 잠깐의 여유를 즐긴 후 새로운 삶을 향해 앞으로 나아가야 한다. 새로운 비전을 품고 달려가야 한다.

프랑스의 철학자 데카르트는 "나는 생각한다. 고로 나는 존재한다"라고 했다. 진지하게 노년을 생각해보자. 더 이상 의심의 여지가 없을 때까지 생각하여 참된 노년의 존재 가치를 찾아보자. 그리고 어떻게 살아야 할지 행복한 노년의 비전을 정립하고 방법을 고민해보자.

성공적인 미래를 만드는 과정에는 많은 위험이 따른다. 그러나 미래를 위해 노력하지 않는 것에 비하면 훨씬 덜 위험하다. 은퇴와 함께 새로운 생명의 불꽃이 피어날 수 있다. 그 불꽃으로 태초에 우주가 생겨나듯이 지금과는 전혀 다른 세계가 열릴 수 있다. 좋은 비전은 미래 만들기의 위험을 줄여준다.

그렇다면 좋은 비전이란 무엇일까? 좋은 비전이 되려면 다음과 같은 조건을 갖추어야 한다.

첫째, 상상할 수 있어야 한다. 은퇴 후에 내가 무엇을 하며 어떻게 살게 될 것이라는 멋진 상상의 나래를 펼 수 있어야 한다.

둘째, 나와 이웃들이 원하는 것이어야 한다. 나를 비롯한 세상 사람들의 가치와 이익을 대변해주는 그 무엇이 있어야 한다.

셋째, 실행할 수 있어야 한다. 허황된 꿈이 아닌 실제로 달성할 수 있는 목표이어야 한다.

넷째, 구체적이어야 한다. 그저 막연한 그림이 아닌 명료한 것이어야 한다.

다섯째, 쉽게 이해될 수 있어야 한다. 내가 이해하고 남에게도 금방 설명할 수 있어야 한다.

나의 비전은 과연 이런 조건에 부합하는지 냉정하게 평가해야 할 것이다.

도전하고 싶은 '나만의 에베레스트'

전문 등산가들이 꼭 한 번은 오르고 싶어 하는 선망의 산이 있다. 높이 8,848미터로, 세계에서 가장 높은 산, 에베레스트 산이 그곳이다. 산의 정상 부근은 대기권 밖으로 솟아 있어 산소가 부족한데다 세찬 바람까지 불어 사람이 견디기 힘든 죽음의 지대로 알려져 있다. 그런데 왜 많은 산악인들이 목숨을 걸고 이 산의 정상에 서려는 걸까? 에베레스트 등반에 처음 도전했던 영국 원정대의 조지 리 맬러리는 이 질문에 가장 멋진 정답을 제시했다.

"Because it is there!"

산이 거기 있으니까.

비록 3차 원정등반 도중 눈보라 속으로 사라졌지만, 조지 리 맬러리에게는 에베레스트 자체가 삶의 비전이었다. 우리를 두렵게 하는 것은 아무것도 할 수 없어 무력해지는 것이다. 나이가 들어도 힘이 빠지지 않으려면 무엇을 해야 할까? 우리가 갈망하는 에베레스트는 진정 어디에 있는가? 우리의 원대한 꿈과 사명은 무엇인가? 모든 가능성과 모든 희망을 품고 있는 우리들의 에베레스트, 우리들의 비전은 무엇일까?

은퇴 후에도 나는 더 일하고 싶다

남이 아니라 나만의 절실함으로

가슴속에 절실하게 바라는 이미지를 담고 있어야 한다. 감동이 없는 비전은 진정한 비전이 아니다. 마음을 이끌게 하는 간절한 그 무엇이 없다면 좋은 비전일 수 없다. 진정 무엇을 갈망하고 있나? 몰입의 땀으로 가득 채워야 할 그런 일은 과연 무엇일까? 그것을 잘 정립한 사람은 의도하지 않아도 비전에 이끌려 쉽게 나아갈 수 있다. 간절함 그 자체가 비전이다.

1960년대 초 국민소득 100달러 이하로 가난했던 나라들 중에서 오늘날 3만 달러 가까운 수준의 경제발전을 이룩한 나라는 대한민국 하나뿐이라고 한다. 무엇이 이런 결과를 만들어냈을까? 바로 '잘살아보자'는 절실한 비전이 있었기 때문이라 생각된다. 요즘의 젊은이들은 이해하기 어렵겠지만 증산, 수출, 건설이라는 기치 아래 근대화의 시대를 살아온 당시 세대들은 항상 마음속에 이 비전을 새겼다. 이렇게 가슴 깊숙한 곳에서 우러나온 절실한 비전이 불가능을 가능으로 바꾸었다.

1960년대 초 미국의 우주 계획에 참여했던 사람들의 공유 비전은 '인간을 1960년대 말까지 달에 보내는 것'이었다. 이 비전은 많은 용기 있는 행동을 촉발시켰고, 결국 1969년 7월 20일, 닐 암스트롱을 비롯한 아폴로 11호 승무원들이 달에 최초로 인간의 발자국을 남기는 소망을 이루었다.

이런 가슴 설레고 도전적인 비전을 갖게 된 배경에는 냉전시대에 자국 과학기술의 우수성을 입증하고 이를 통해 체제의 우월성을 입증하려는 경쟁의 절박함이 있었다. 1960년대 초까지 우주탐사 경쟁은 구 소련이 우위였다. 소련은 1957년 스푸트니크 1호를 발사하여 인류 최초의 인공위성을 지구 궤도에 올려 보냈다. 이어서 1961년에는 보스토크 1호로 세계 최초의 유인우주선을 쏘아 올리는 데 성공했으며, 유리 가가린은 첫 우주인이 되었다. 이런 상황에서 미국의 케네디 대통령은 1961년 의회 연설을 통해 "10년 안에 인간을 달에 착륙시켰다가 무사히 귀환시키겠다"고 선언했다.

1960년에 나온 영화 〈스파르타쿠스〉의 가장 감동적인 장면은 "내가 스파르타쿠스다"라는 부분이다. 정복자 크라수스가 말했다.

"너희는 노예였고 앞으로도 노예이다. 그러나 너희를 십자가형에 처하지 않는 데는 한 가지 조건이 있다. 너희 중에 스파르타쿠스란 노예가 누구인지, 그자 또는 그자의 시체를 지목하라. 그러면 나머지는 살려주겠다."

스파르타쿠스가 동료들을 살리기 위해 일어서려는 순간, 함께 로마와 싸웠던 동료 노예들이 너도 나도 일어서며 외쳤다.

"내가 스파르타쿠스다!"

"내가 스파르타쿠스다!"

골짜기 가득 노예들의 인간 선언이 메아리치면서, 정복자의 표정은 일그러진다. 노예로부터 해방된다는 절박한 바람이 죽음을 두렵지 않게 만든 것이다. 비전이란 이런 절박한 바람이어야 한다.

나만의 차별화된 브랜드를 만들자

사람들은 누구나 타고난 재능이 다르다. 나는 왜 너가 아니고 나이겠는가? 성철 스님이 "산은 산이요, 물은 물이로다"라고 했다. 다른 해석이 있겠지만, '산은 산이어서 좋고, 물은 물이어서 좋다. 산은 산대로 높고 푸르러서, 물은 물대로 깊고 영롱해서 좋다'는 뜻으로 이해할 수도 있을 것 같다.

자기 안에 있는 자신만의 독보적인 재능을 찾아 그것을 비전으로 연결시켜 보자. 자신의 마음속에 숨어 있는 재능을 찾아내 자유를 부여해보자. 《채근담》에 나오는 '둥근 박' 이야기와 같이 자신만의 차별화된 브랜드를 만들어 보는 것이다.

우주에서
나만이
할 수 있는 일?

둥근 박은 보름달에게 왜 자신의 몸에서는 빛이 나지 않는지 물었다. 보름달은 누구나 타고난 재능이 다르다고 말해주었고, 그 말을 들은 박은 깊은 생각에 잠겼다. 훗날 보름달이 박을 찾아왔을 때, 박은 세상에서 제일 단단한 바가지가 되겠다고 말했다. 보름달은 세상 어느 누구도 할 수 없는 일이라며 무척 기뻐했다.

우주에는 아마도 나밖에 할 수 없는 그 무엇이 있지 않을까. 그것은 나만이 할 수 있다. 만약 내가 하지 않고 그냥 지나쳐버리면 더 이상 아무것도 되지 않는 그것은 무엇인가? 내가 그 마지막 가능성을 거머쥐고 있다면, 그것을 하지 않을 이유가 없지 않은가. 미국 시인 메리 올리버의 〈단 하나의 삶〉이란 시에서 '당신을 일깨워준 목소리'가 바로 나만의 차별화된 비전이 아닐까.

당신이 세상 속으로 걸어가는 동안
언제나 당신을 일깨워준 목소리.
당신이 할 수 있는 단 하나의 일이 무엇인지
당신이 살아야 할 단 하나의 삶이 무엇인지를.

②
나만의 특별한
내 일을 찾고 싶을 때

내가 누구인지부터 알아야 한다

은퇴와 함께 심각하게 찾아오는 것이 삶의 정체성 문제일 것이다. 수십 년 동안 다녔던 직장, 그리고 거기서 했던 일들이 과연 얼마나 가치 있는 것이었던가. 일해서 돈 벌고, 결혼해서 자식 낳아 키우고, 나이 먹고 죽는 것 말고 다른 가치 있는 것은 없을까? 이 인생에 뭔가 더 있다면 그것은 과연 무엇일까?

비전 정립은 미래를 설계하는 일이지만 결국 자기를 돌아보는 일에서 출발한다. 나는 누구일까?

몇 년 전, 나는 꽤 유명한 기도처로 알려진 어느 암자를 찾아간 적이 있었다. 그곳의 주지스님이 불생불멸의 '참나'를 말씀하셨는데, 그 이후로 알 듯 모를 듯한 '나'라는 것에 궁금증이 자꾸만 커졌다.

나의 몸과 마음, 그것은 변한다.

그러나 그것은 나의 것이지 내가 아니다.

화낸 것은 내가 아니고 나의 마음이다.

나의 마음과 나의 생각이 나로 행세한다.

본래의 나는 생기지 않았으니 없어지지도 않는다.

나의 마음을 움직이는 본성은 무엇인가? 내가 진정으로 존중하고 사랑해야 할 '참나'는 어떤 사람인가? 억누를 수 없는 나의 천성은 무엇일까?

《장자》의 '호접몽'은 내가 바로 자연 그 자체라는 물아일체(物我一體)를 이야기하고 있다. 인간이 가지고 있는 편협한 사고의 틀을 벗어나 우주만물의 자연 상태인 도(道)를 따르라는 것이다. 산속에 들어가 도를 닦고 신선이 되라는 말이 아니라 나 자신의 본성을 찾으라는 의미이다. 어느 날 꿈에서 깬 장자는 자신이 나비가 되는 꿈을 꾼 것인지, 지금의 모습이 나비가 꾸는 꿈인지 구별할 수 없게 되었다.

과연 '나'라는 존재는 무엇일까? 근원의 나, 본성에 대해 생각해보자. '나'라는 존재는 무엇을 잘하고, 또 무엇을 하기 위해 이 세상에 왔을까? 진정으로 내가 잘할 수 있고, 또 내가 꼭 해야 할 일을 생각해보자.

남들이 하라는 일을 하고 남들이 하는 일을 따라 해서는 안 될 것이다. 아우렐리우스는 《명상록》에서 "너는 아직도 자신을 존중하지 않고 타인들의 영혼에서 행복을 찾는구나"라고 했다. 그는 "어째서 사람들은 어느 누구보다 자신을 사랑하면서도 자신에 관해서는 자신의 판단보다 남들의 판단을 더 평가하는지 모르겠다"고 말했다. 다른 사람을 의식해서, 다른 사람이 바라는 대로 살 것이 아니라 진정 내가 원하고 내가 잘하는 삶을 살아야 한다.

스토아 철학자인 세네카는 "집에서 가장 만나보기 어려운 사람은 다름 아닌 자기 자신"이라고 말했다. '나'라는 존재는 가장 가까이 있으면서도 잘 볼 수 없는 것 같다. 늘 보니까 자세히 보이지 않고, 자세히 보이지 않으니 보지 못하는 것 같다. 좀 거리를 두고 낯설게 보면 내가 누구인지 잘 볼 수 있을지도 모른다. 무심히 보면 보이지 않던 것들이 비로소 보일 수도 있다. 뜨거운 태양이 작열하는 올레길을 몇 날에 걸쳐 걸어보거나 찝찔한 땀이 눈을 파고 들어와 따갑도록 오래 달려보면 보일지도 모른다.

성공하기 전까지는 결코 웃지 않겠다고 독을 품고 살아왔다. 얼굴에는 늘 긴장감이 서렸고 냉기가 가득했다. 그러다 어느덧 희끗해진 머리카락과 처진 피부를 보며 얼마나 모질게 살아왔는지 깨달았다. 그리고 덜컥 은퇴라는 것을 맞게 되었다. 과연 무엇을 이루었단 말인가? 두려움, 불안, 화, 억울함 등의 감정이 올라온다. 잠시 후 찾아온 2차 현직도 얼마 남지 않았다. 이제 어떻게 살아야 하나?

나는 요즘 매일 아침 제주 서귀포의 고근산에 올라 편백나무 숲속을 이리저리 뛰어다닌다. 몸에 땀이 흠뻑 젖도록 뛰어다닌다. 그러다 문득 성산 앞바다에서 솟아오른 해를 보면서 나는 누구이고, 나의 소명은 무엇인가를 생각한다. 내 인생의 마지막 3분의 1이 헛되지 않으려면 무엇을 하며 살아야 하는지 생각한다.

상상력과 마음의 눈으로 찾을 수 있다

사막이 아름다운 이유는 어딘가에 샘을 숨기고 있기 때문이다. 눈앞에 펼쳐진 황량한 모래언덕만 보고 있다면 결코 사막이 아름답다고 느끼지 못할 것이다. 마찬가지로 인생이 아름다운 이유도 어딘가에 우리가 살아야 할 가치를 숨기고 있기 때문일 것이다. 눈으로 보이지 않는 상상할 수 있는 그 무엇이 있기 때문에 세상은 더 아름답다. 숨겨진 그것은 무엇인가?

생텍쥐페리의 《어린 왕자》에는 '코끼리를 통째로 삼킨 보아 뱀' 그림이 등장한다. 하지만 "상상력이란 도무지 찾아볼 수 없는" 어른들은 이것을 모자로 생각한다. 아이와 같은 상상력으로 멋진 노년의 비전을 찾아내보자.

세계적인 잡지 《리더스 다이제스트》는 1931년 발표된 헬렌 켈러의 수필 《사흘만 볼 수 있다면》을 20세기 최고의 수필로 선정했다. 듣지도 못하고, 볼 수도 없으며, 말도 제대로 못하는 그녀는 단지 감촉을 통해서 수많은 것들을 발견했다.

어느 날, 헬렌 켈러는 한참 동안 숲속을 산책하고 돌아온 친구에게 무엇을 보았는지 물었다. 하지만 친구는 별로 특별한 것이 없었다고 대답했다. 헬렌 켈러는 그 친구의 말이 도무지 믿기지 않았다. 결국 그녀는 눈으로 볼 수 있다는 것이 오히려 많은 것을 보지 못하게 한다는 것을 깨달았다.

후반기 인생 비전은 헬렌 켈러가 말하는 감성과 마음의 눈으로 찾아가야 할 것 같다. 그래야 무엇이 진정 행복을 가져다 줄 것인지 찾을 수 있을 것 같다. 마음으로 엿보고 엿들어 보자.

이탈리아 피렌체에는 잘생긴 청년 다비드의 조각상이 있다. 화가이자 조각가였던 미켈란젤로는 1501년 피렌체 시청의 부탁으로 3년에 걸쳐 다비드 상을 완성했다. 크리스 와이드너의 《피렌체 특강》이라는 책에는 다비드 상에 숨겨진 흥미로운 이야기가

숨겨진 재능,
잠재력을
찾아보자.

소개되어 있다.

미켈란젤로가 대리석에서 작업을 하고 있을 때 마침 근처를 지나던 어린 소녀가 물었다.

"왜 그렇게 힘들게 돌을 두드리세요?"

미켈란젤로는 이렇게 말했다.

"꼬마야, 이 바위 안에는 천사가 들어 있단다. 나는 지금 잠자는 천사를 깨워 자유롭게 해주는 중이야."

미켈란젤로는 바위 안에 갇혀 있는 천사를 본 것이다. 차갑고 생명도 없는 대리석을 포근하고 감성이 풍부한 인간의 모습으로 경이롭게 조각한 것이 아니라 원래 대리석 안에 들어 있던 아름다운 인간의 모습이 그대로 드러나도록 필요 없는 돌 조각을 쪼아낸 것이다.

미켈란젤로처럼 자신의 내면에 숨어 있는 위대한 잠재력을 찾아보자. 현역 시절의 직업이 '가족 부양'이라는 수단적 가치에 중심을 두었다면, 은퇴 시절의 직업은 일 자체로서 즐거울 수 있는 본질적인 가치에 집중해야 노년의 삶이 풍성해진다. 진정으로 하고 싶은 일, 마음을 채울 수 있는 일, 세상에 가치를 보탤 수 있는 일들을 찾아보자. 수단적 가치가 되는 일들을 모두 걷어내고, 꼭 하고 싶은 일이나 가장 보람을 느낄 수 있는 일을 찾아내는 것. 그것이 바로 비전 정립의 출발점일 것이다.

직장인의 가면을 벗어라 - 진짜 나 발견하기

　현역에 있는 동안 대부분의 사람들은 가면을 쓰고 살아간다. 사장님 앞에서는 '부하 가면'을 쓰고, 부하직원 앞에서는 '상사 가면'을 쓴다. 물론 직장에서 승진도 하고 성취감도 맛보려면 이런 가면을 쓰지 않을 수 없다. 하지만 은퇴를 하면 그동안 썼던 가면을 벗고 진짜 민낯의 나를 바라볼 수 있어야 한다. 가면을 쓰고 살아온 시간이 길기 때문에 아마 쉽지는 않을 것이다. 이럴 때는 다음과 같은 검사를 받아보면 도움이 된다.

에니어그램(Enneagram)

　도전자, 평화주의자, 개혁자, 조력자, 성취가, 낭만주의자, 탐구자, 충성가, 모험가 등 9가지 유형으로 성격을 분류하는 검사다. 성격 유형별로 장점과 단점, 스트레스 관리법, 주변 사람과 갈등 해결법 등을 제시한다.

MBTI(Myers-Briggs Type Indicator)

에너지 방향 · 인식 · 판단 · 생활양식을 척도로 성격을 분류한다. 각 척도마다 외향–내향, 감각–직감, 객관–주관, 계획–즉흥 등 대립되는 2가지 상황 중 무엇을 더 선호하는가에 따라 16가지 성격으로 나뉜다. 대인관계, 흥미, 적성 등을 파악할 수 있다.

이화방어기제

위기나 갈등 상황에서 보이는 행동을 통해 나를 바라보는 검사다. 억압, 합리화, 수동공격, 부정 등의 방어기제 중 심리적 안정을 찾기 위해 내가 주로 사용하는 것을 알 수 있다.

심리검사를 통해서 자신이 몰랐던 능력이나 적성을 새롭게 발견할 수도 있으며, 미래를 적극적으로 준비하고 만들어 갈 수 있는 기회가 되기도 한다. 심리검사는 일반적으로 유료로 운영되고 있으나, 고용센터 등 공적기관을 이용하면 무료로도 이용이 가능하다.

3

천천히 그러나
뜨거운 2막 만들기

은퇴가 행복해지는 가교직업

우리나라의 퇴직 형태를 보면 아직까지 대체로 '완전근무'에서 '완전퇴직'으로 바로 넘어가는 '절벽 시스템'으로 되어 있다. 대부분의 직장인들은 강제퇴직연령, 즉 정년에 이르면 생애의 주된 일자리에서 물러나야 한다. 그래서 완전퇴직으로 넘어가기 전에 '가교직업'이 필요하다. 1차 직업이 끝난 뒤 가교직업으로 무엇을 할 것인지, 어떤 일을 하고 싶은지도 생각해보자.

다행히 오늘날 은퇴기에 접어드는 세대들은 자신들의 재능과 시간을 그냥 묻어두는 것을 원하지 않는다. 다만, 나이와 경력이 쌓이면 임금이 자동으로 올라가는 연공 임금체계에 젖어 있어서는 보수가 줄어드는 것에 쉽게 적응하기 어렵다. 그렇지만 보수가 반으로 줄어들면 어떤가? 할 일이 있는 것이 더 중요하지 않은가. 줄어드는 임금은 연금으로 보충하고, 근로시간을 줄여 여가 시간도 조금 더 가지면 될 일이다. 점진적으로 퇴직하는 것은 은퇴충격을 줄이는 가장 효과적인 방법이다.

그렇다면 점진적 퇴직을 위한 가교직업을 어디서 찾아야 할까?

첫 번째는 현직에 있을 때 하던 일을 계속하는 것이다. 현직에서 하던 일을 시간제로 할 수도 있고 유사한 일을 할 수도 있다. 다행히 요즘 직장에서 임금피크제도나 정년 이후 재고용제도가 확산되고 있다. 전성기 때보다 일의 강도를 줄이고 그에 따라 임금도 줄어드는 고용 형태이다. 치사하게 빌붙어 있기 싫다고 생각할 수도 있겠지만, 그렇게 생각할 일이 아니다. 인생이 계속 앞으로만 달려갈 수는 없지 않은가. 자신만의 일이 있다면 봉급이 좀 줄어들면 어떤가. 은퇴를 앞두고 있다면 조금씩 내려놓는 연습도 필요하다.

두 번째는 자신이 지금까지 했던 1차 직업과 전혀 다른 일을 선택하는 것이다. 대학 강의, 병원 봉사활동 등으로 자신의 삶을 완성해가는 것이다. 물론 이러한 활동은 은퇴 후에 갑자기 시작할 것이 아니라 현직 근무 중에 시간을 쪼개어 조금씩 해보는 것이 좋다. 퇴직하면 사회적 네트워크도 약해지고 세상의 정보를 수집하기도 어려워지기 때문이다.

세 번째는 비영리기관 혹은 사회적 기업에서 일하는 것이다. 이것은 주로 은퇴 전에 성공한 사람들이 생각해볼 수 있는 좋은 은퇴 후 활동이다. 이 경우 경제적인 필요가 아니라 삶에 대한 새로운 도전이 은퇴 후 활동 재개의 동기가 될 것이다. 이들은 자신들이 터득한 노하우를 은퇴 후 사회 전체에 전파하면서 사회발전에 커다란 공헌을 하게 된다. 이 보이지 않는 힘은 경제의 생산성을 높여주고 우리 사회가 발전하는 데 매우 중요한 역할을 할 것이 분명하다.

은퇴 후 어디로 갈지 몰라 공허해진다면 목적과 비전 없이 그냥 살고 있는 것이다. 전 생애에 걸쳐 본인의 후생이 최대화되는 삶을 추구해야 한다. 젊어서만 열심히 일하고 나이 들어서 그냥 노는 것은 바람직하지 않다. '이제 모든 것에서 벗어나고 싶다'라는 생각은 인생을 포기하게 하는 악마의 유혹이다. 주저앉을 때가 아니다. 일하지 않고 마냥 쉬는 은퇴 바이러스를 물리쳐야 건강한 삶을 살 수 있다. 일하는 노년, 그것이 가장 아름다운 은퇴이다.

운 좋게 다시 현역 생활을 하고 있는 나도 몇 년 전 잠깐 가교 직업을 경험한 적이 있다. 공공기관의 임원 출신으로 37년간 1차

은퇴 후에도 나는 더 일하고 싶다

현역 생활을 마치고 얻은 가교직업은 현직의 직무 분야와 연관된 것이었다. 정부 부처의 전문 임기제 자리였는데, 봉급은 은퇴 전의 절반에 불과했지만 가교직업으로서는 꽤 훌륭한 것이었다. 무엇보다 나의 전문성을 계속 활용할 수 있는 것이 큰 보람이었다.

임용시험 면접 때 젊은 사람 밑에서 같이 일할 수 있겠느냐는 우려 섞인 질문이 있었지만 최소한 내게는 문제가 되지 않았다. 그리고 대학원에서 겸임교수로 주1회 강의도 진행했는데, 금전적 수입은 크지 않았지만 긴장과 흥미는 최고였다. 내 업무와 관련된 연구 프로젝트도 수행했는데, 애착이 가서 그런지 많은 밤을 새기도 했다.

이러한 가교직업 덕택에 인생 2막에는 은퇴연금전문가로 불리기를 좋아했고, 명함에도 그렇게 나를 소개했다. 자신의 전문 영역을 바탕으로 가교직업을 찾아 새로운 영역에 도전하면 실패의 위험을 줄이고 보람도 찾을 수 있을 것이다.

베르나르 베르베르의 《상상력 사전》에는 돌고래에 관한 이야기가 등장한다.

돌고래는 바다에 사는 포유동물이다. 허파로 호흡하기 때문에 물속에서 오랫동안 머물러 있을 수 없고, 물 밖에 나와 있으면 피부가 마르기 때문에 계속 물 밖에 있을 수도 없다. 이런 문제를 해결하기 위해 돌고래는 깨어 있는 채로 잠을 잔다고 한다. 뇌의 왼쪽 반구가 휴식을 취하면 오른쪽 반구가 몸의 기능을 통제하고 그 다음에는 역할을 바꾸는 식이다. 그래서 돌고래는 잠을 자면서도 물 밖으로 솟구쳐 올라 호흡을 한다.

인간의 몸도 마치 돌고래처럼 끊임없이 움직이는 데 적합하도록 만들어졌다고 한다. 그래서 '일하는 은퇴'라는 역설을 실천에 옮기는 사람들이 많다. 이들은 모두 노년에도 열정적으로 일을 하면서 자신의 삶을 성공적으로 완성시키는 사람들이다.

인상파 화가 끌로드 모네는 시력을 잃어가는 중에도 불구하고 팔순의 나이에 매일 12시간씩 그림을 그렸다고 한다. 후기 인상파 화가인 파블로 피카소 역시 70대 나이에 새로운 화풍을 창작했고 90대에 사망할 때까지 그림을 계속하여 그렸다.

인생의 마지막까지 창작활동에 매진한 사람들은 음악계에서도 찾아볼 수 있다. 스페인의 유명한 첼로 연주가인 파블로 카잘스는 97세의 나이에 사망한 당일에도 악기 연습을 했다고 한다. 대중음악 작곡가이자 가수였던 우도 유르겐스는 78세의 나이에도 다음해의 순회공연을 계획했다.

문화예술에서 과학계로 시선을 옮겨보자. 현대 물리학의 거장인 막스 플랑크와 알버트 아인슈타인도 젊어서는 크게 성과가 없다가 노년에 이름을 크게 알렸다고 한다. 플랑크는 1차 세계대전이 끝난 후 독일 과학계를 재편하는 작업을 했으나 1933년 히틀러가 집권하면서 강제퇴직을 당했고, 1945년 90세에 임박하여 독일 과학계를 다시 재건하는 집념을 보였다. 아인슈타인이 세상에 알려지기 시작한 것 역시 40대 이후라고 한다.

미국 제39대 대통령 지미 카터에게는 최악의 대통령과 가장 훌륭한 퇴임 대통령이라는 두 개의 별명이 따라 다닌다. 재임 당시에는 인권이나 도덕만 앞세워 이상주의 외교에 매달리다 구 소련의 아프가니스탄 침공을 초래하는 등 평판이 좋지 않았다. 하지만 퇴임 후의 평가는 전혀 다르다. 무주택 서민을 위한 사랑의 집짓기 운동 해비타트를 전 세계에 전파하고, 자원봉사로 운영되는 초당적 비영리기구 카터센터를 만들어 지구촌 분쟁종식과 민주주의 확산운동을 전개해 2002년 노벨평화상을 받았다. 2007년에는 전자서적 《미국의 도덕위기》로 그래미상을 수상하기도

했다.

세계적인 경영학자 피터 드러커는 일찍이 평균수명이 연장됨에 따라 은퇴 후 지식노동자들의 생활이 사회 경제적으로 중요한 문제가 될 것이라고 예견했다. 지식노동자들은 대체로 50대 이전에 최고 경력에 이르고 업무를 거의 파악하게 되어 새로운 것을 배우는 것에 소홀하게 되는 경우가 많다. 하지만 인생 100세 시대를 준비하기 위해서는 늘 새로운 것을 익히며 도전을 이어나가야 한다. 실제로 피터 드러커 자신도 95세에 사망할 때까지 끊임없이 왕성한 연구, 저술 활동으로 지식노동자로서의 삶을 이어나갔다.

지금까지 소개한 인물들은 좀 특별한 사람들이지만, 보통 사람들이라 해서 못할 것도 없다. 더구나 요즘의 은퇴자들은 건강하고 경륜도 쌓았으며 일에 대한 소명까지 갖추었기 때문에 그저 연금을 받으며 살아가는 것은 아까운 일이다. 자신의 의지와 비전만 있다면 당당히 생산 주체로서 세상에 가치를 더하며 인생 2막을 살아갈 수 있을 것이다.

모두가 행복해지는
노후관리

공부는 학교에서 멈추지 않는다

《죄와 벌》로 유명한 세계적인 문호 도스토옙스키는 "꿈을 밀고 나가는 힘은 이성이 아니라 희망이며, 두뇌가 아니라 심장이다. 우리에겐 무한한 가능성이 있다"라고 했다. 은퇴로서 끝나는 것이 결코 아니다. 여전히 희망이 있고 뜨거운 심장도 가지고 있다. 오히려 이런저런 눈치 보지 않고 남은 인생을 하고 싶은 대로 즐기면서 새로운 가능성을 찾을 수 있는 시간이다.

그런데 그 새로운 가능성을 어디서 찾아야 하는가? 마음이 이끌리는 한 분야의 높은 경지, 그것이 곧 새로운 가능성이 아닐까.

1차 직업으로서 현역을 끝낸 후에 정말 하고 싶은 분야를 정해 매진한다면 행복할 것이다. 남들이 일선에서 물러나 할 일이 없어 허탈해할 때 새롭게 열정의 불을 지필 수 있는 관심 영역이 생긴다면 인생 2막이 얼마나 풍요롭겠는가.

흔히 어떤 분야의 높은 경지에 올라 신비스럽게 보이는 사람을 '도인'이라고 부른다. 도를 닦는다는 것, 매우 매력적이지 않은가. 그것이 어떤 분야이든 내가 정말 추구할 가치가 있다고 생각하는 것이면 그것이 나의 길이 아니겠는가. '도는 길이요, 진리요, 마땅히 지켜야 할 도리'라고들 한다. '도란 구하는 것이고, 얻는 것이고, 닦는 것'이라고도 한다. 인간은 누구나 자신의 삶, 인생에 있어서 무엇인가 구하려고 한다. 진정 무엇을 구해야 하나? 어떤 도를 닦으면 잘 사는 인생이 될까?

동양문화는 사람의 힘을 더하지 않고 자연의 섭리에 따르는 무위자연(無爲自然)의 삶을 존경하고 그런 이상적인 경지를 추구하는 것을 값진 일이라 여긴다. 민요 〈도라지타령〉은 '한두 뿌리만 캐어도 대바구니가 다 넘친다'고 노래한다. 얼마나 굵은 도라지를 캤기에 한두 뿌리로 대바구니가 다 차겠는가. 그 정도만 캐도 마음을 채울 수 있다는, 더 욕심 부릴 필요가 없다는 조상들의 혜안이 담긴 노래인 것 같다. 이와 같이 자연 속에 살면서 자연의 이치에 빠져 욕심 없이 사는 사람이 진정한 도인이 아닐까 싶다.

《채근담》에서는 "명리(名利)를 싫어한다고 해서 명리의 달콤함을 잊은 건 아니다"고 말한다. 그만큼 명예와 이익에 달관하기가 어렵다는 것이다. 더구나 요즘 세상에서 이렇게 마음 비우는 일이 어찌 쉽겠는가. 그러나 마음을 다잡고 정진해보면 구할 수도 있지 않을까. 예수도 "구하라 그러면 구해질 것이요, 두드려라 그러면 열릴 것이다"라고 하지 않았는가.

한편, 불교에서는 진리 그 자체를 '도'라고 칭한다. 참선과 수행을 통해 세상의 참된 이치를 깨닫고자 정진해보는 것도 좋을 듯하다.

불교는 여덟 가지의 바른 길, 즉 팔정도(八正道)에 의해서 '열반'이라는 이상적 경지에 이를 수 있다고 설파한다. 올바른 견해, 올바른 생각, 올바른 말, 올바른 행위, 올바른 생활, 올바른 노력, 올바른 깨달음, 올바른 집중이 그것이다. 인간은 아무리 나이가 들어도 마음속 깊은 곳에는 봄날의 햇살이 자리 잡고 있다. 햇살 같은 마음이 있는데 나이 들었다고 못할 것이 무엇이겠는가. 여유로운 노년에 깨달음에 다가가려는 노력은 그 무엇보다 가치 있는 일이다.

한편, 도(道)라는 표현은 일본에서 메이지유신 이후에 '평화의 마음, 평등의 마음, 폭력이 아닌 건강 지향'의 개념으로 널리 사용되었다고 한다. 19세기 일본은 개화기를 맞으면서 메이지유신을 단행하는데, 이때 '도'라는 개념을 모든 것에 사용하기 시작했다. 여기서 '무도(武道)'라는 말이 새로 탄생하고, 유술이 유도가 되었고, 검술이 검도가 되었다고 한다. 차를 마시는 다도 역시 이 때 새롭게 만들어지게 된 개념이라고 한다.

어쨌든 도를 닦는다는 것은 고도의 정신세계를 지향하는 것이다. 그것이 어떤 무도가 됐던, 다도가 됐던, 단순한 기술이 아닌 정신적인 차원으로 승화시킬 수 있다면 충분히 추구해볼 가치가 있을 것 같다.

어떤 것을 예술의 경지로 승화시키는 것은 더 멋있지 않은가. 단순한 싸움 기술이 아닌 고도의 심신 단련을 목적으로 하는 여러 가지 무예 말이다. 붓글씨를 중국에서는 서법, 일본에서는 서도라 하는데, 우리나라에서는 서예라 한다. 서예에 마음이 이끌린다면 이것도 노년에 이루어보고 싶은 의미 있는 비전이 될 수 있을 것 같다.

평생의 공부거리를 찾으면 여생이 달라진다고 했다. 그 공부거리가 바로 훌륭한 비전이 될 수 있다.

어릴 때는 학교에서 가르치는 공부와 취직시험 공부를 해야만 했고, 현역 시절에는 직무능력계발 위주의 공부를 주로 할 수밖에 없었다. 그러나 은퇴 후에는 순수하게 지적인 호기심에서 탐구할 여유가 생긴다. 공부할 분야는 무궁무진하다. 역사, 정치,

경제, 과학, 인문학, 미술, 음악 등 각 분야에서 진정으로 마음 가는 과제를 발굴하여 평생의 공부거리로 삼는 것이다. 연구나 탐색이 어느 정도 경지에 오르면 책을 출간해보거나 논문을 작성하여 세상에 알릴 수도 있다. 하고 싶은 일을 죽을 때까지 실컷 해보고 그 분야를 즐기는 수준이 되면 이미 은퇴는 문제가 되지 않는다.

함께할수록 행복해지는 것들

은퇴하고 나면 주류에서 밀려나 일상의 대부분을 가까운 가족이나 친구들과 교류하고 공동체 사회와 단절되는 사람들이 많다. 이런 현상은 사회에서 할 일을 찾기 어려운 것이 주된 원인이지만, 나이 들면서 사회적 유대관계보다 감정적으로 친근한 관계를 선호하는 경향이 커지는 것도 원인이다. 이런 과정에서 은퇴는 자연스럽게 '주변화'와 '사회적 배제'를 불러온다. 하지만 이것은 바람직한 삶의 방식이 아니다. 주변 인물로 밀려나서 외롭게 살지 않으려면 공동체에 참여하고 기여하는 행위를 젊었을 때보다 더 많이 해야만 한다. 사람들은 왜 일하지 않으면서 외롭다고 하는지 모르겠다. 나이 들어서 외로운 게 아니라 일을 하지 않아서 외로운 것인데도 말이다. 공동체 참여는 노년의 외로움을 없애주는 훌륭한 일이다. 또한 공동체에서 맡은 바 역할을 수행하는 것은 신체적, 정신적 건강에도 도움이 된다.

한편, 은퇴하면 고용에서 배제되고 주로 연금으로 살아가야 하는데 그 연금 비용은 현역세대가 부담한다. 은퇴세대가 젊은 시절에 납부한 보험료는 앞 세대의 연금 비용으로 이미 충당되어버렸다. 이를 '세대간 부양'이라고 한다. 앞선 세대를 부양했기 때문에 후 세대로부터 부양받는 것이 당연할 수도 있지만, 고령사회로 진입하면서 후 세대의 부담은 점점 늘어나고 있다. 그래서 어떻게든 젊은 세대의 후생에 도움이 되는 일을 할 필요가 있으며, 그것은 은퇴세대의 사회적 기여나 공동체를 위해 일하는 것으로 가능할 것이다. 이것이 합당한 사회적 교환이며, 벌과 나비가 식물에게 꿀을 얻는 대신 식물의 꽃가루를 날라주는 것과 같은 이치라고 생각한다.

굳이 받는 것에 대한 사회적 책임이나 의무감을 언급하지 않더라도 우리 모두는 서로에게 책임이 있다. 공동선을 추구하는 삶이 필요하다. 그래서 은퇴 후에는 '너 살고 나 살기'의 공동체적 삶을 비전으로 정립하는 것도 뜻있는 일이다. 아이들을 돌봐주는 것, 외로운 사람들과 함께 있는 것, 글을 모르는 사람들에게 글을 가르치는 것, 아픔이 있는 이들을 상담하는 것, 병든 이의 건강을 돌보는 것 등 흔히 말하는 자원봉사, 사회공헌활동을 노년의 소명이라 생각하고 살아가는 사람들이 많다. 이런 것들이 바로 공동체 비전이 아닐까.

공동체를 밟고 일어서는 개인이 아무리 뛰어난들 무슨 의미가 있겠는가. 동충하초는 나비, 매미, 벌, 거미 등의 곤충을 숙주로 하면서 그 숙주를 죽이고 그곳에 자실체를 낸다. 겨울에는 벌레였던 것이 여름에는 버섯으로 변한다는 뜻에서 동충하초라는 이름이 붙여졌다. 몸에는 좋을지언정 동충하초의 생존 방식은 별로 마음에 들지 않는다. 약효가 아무리 좋다 한들 숙주가 되는 곤충 안에서 자라며 그 곤충을 죽여 버리는 삶은 옳지 않다.

젊은 시절 세상에 진 빚을 갚는 의미에서 꽃가루를 나르는 비전을 실천하는 것은 무엇에도 비길 수 없는 훌륭한 일 아니겠는가. 이런 삶을 생각한다면 은퇴와 마주서는 순간이 매우 설렐지도 모른다. 만약 각자가 자신만의 행복을 찾는 것에 만족해버리면 이 세상은 가장 거친 야생 상태가 되어버릴지 모른다. 이기주의는 수천만이 뭉쳐도 문명으로 이어질 수 없다. 우리가 살아가는 이 세상에 도움이 되는 삶이 바람직하다. 우리 덕에 이 세상이 조금 더 나아졌다는 소리를 듣는다면 행복해지지 않겠는가.

은퇴 후에도 나는 더 일하고 싶다

사회나 다른 사람을 돕는 행위는 자신에게도 많은 도움이 된다고 한다. 그것으로 마음이 따뜻해지고, 에너지가 충전되는 느낌을 전해주기 때문이다. 우울감이 줄어들고 자존감이 높아지는 것을 느끼게 되는 것이다. 실제로 아프고 쑤시는 것이 줄어들고 건강이 좋아지는 등 다양한 체험담을 들었다.

영국의 정치사상가 토머스 홉스는 "인간은 자신의 이익만을 추구한다"고 주장했다. 하지만 이런 주장을 한 홉스조차도 남을 돕는 것이 자신에게 도움이 된다고 했다. 어느 날 홉스가 길에서 만난 거지에게 돈을 주었다. 그 모습을 본 친구가 홉스에게 '인간은 자신의 이익만을 추구한다'는 이론과 반대되는 행동을 했다고 지적했다. 하지만 홉스는 자신이 거지에게 돈을 준 것은 그를 돕기 위해서가 아니라 돈을 받고 기뻐하는 거지의 모습에서 내 자신이 즐거울 수 있기 때문이라고 말했다. 이처럼 타인을 즐겁게 하는 행동은 결국 나의 즐거움으로 이어지게 된다.

올바른 비전이
행복한 은퇴로 이끈다

그물로 물을 잡을 수 없다

누가 그물로 물을 잡을 수 있겠는가. 그물은 물고기를 잡는 데 쓰일 뿐이다. 작은 물을 잡으려면 바가지로 퍼서 물 항아리에 담고, 많은 물을 잡아 가두려면 댐을 만들어야 할 것이다. 잘못된 비전으로 은퇴기를 준비하려는 것은 그물로 물을 잡는 격이다. 잘못 설정된 비전은 현실에서 해프닝으로 끝나지 않는다. 그 비전이 나에게 맞는지, 잘할 수 있는지에 대한 깊이 있는 검토가 필요하다. 잘못된 비전은 노년에 인생의 길을 어렵게 만든다.

미국의 소설가 오 헨리의 단편소설 《크리스마스 선물》에서, 사랑하는 부부가 서로에게 선물을 사주기 위해 각자 자신이 아끼는 것을 판다. 여자는 머리칼을 팔아 남편을 위한 시곗줄을 사고, 남자는 시계를 팔아 아내에게 줄 머리 장식을 산 것이다. 그래서 서로를 위해 애써 준비한 선물은 쓸모없어지고 말았다. 물론 이 작품에서는 가난한 부부가 진정한 크리스마스 선물을 받았다고 묘사한다. 하지만 현실은 해프닝으로 끝나지 않는다. 고심하고 제대로 준비하지 않으면 오래도록 준비한 비전이 은퇴 후에 쓸모없게 되어버릴 수도 있다.

때로는 감당할 수 없는 욕망이 비전을 가로막기도 한다. 그리스신화에서 미다스 왕은 지나친 욕심이 화를 부른다는 것을 일깨워준다.

미다스 왕은 술의 신 디오니소스의 아들을 구해준 대가로 소원 하나를 이룰 수 있게 되었다. 미다스 왕은 신에게 자신이 만지는 모든 것이 황금으로 변하게 해달라고 말했다. 소원은 즉시 이루어졌고, 이후 그가 만지는 모든 것이 황금으로 변했다. 하지만 행복은 잠시뿐이었다. 음식도 술도 그리고 사랑하는 딸도 모두 황금으로 변해버렸기 때문이다.

신화 속 이야기처럼 지나치게 욕심을 내다가는 결국 아무것도 할 수 없는 결과를 초래하게 된다. 이것도 하고 저것도 하려는 욕심은 실패할 가능성을 높일 뿐이다. 가야 할 길이 많을수록 선

택과 집중을 해야 하고, 나머지 것은 포기하거나 다음에 다시 시
도해야 한다. 이를 위해서는 내 안에 무엇이 있으며, 내가 무엇
을 가장 잘할 수 있는지를 주의 깊게 파악해야 한다. 설렘을 불
러오는 내 마음의 북소리를 따라가야 한다. 자신의 삶을 바라볼
때 어디에 방점을 두고 살아가야 할지 진지하게 고민해야 하는
것이다.

비전이 잘못되면 노후가 힘들다

한 사업가가 해변 마을을 거닐다 물고기를 손질하는 어부를 만
났다. 사업가는 어부에게 좋은 솜씨를 가지고 있다면서 더 많은
일을 하고, 부를 축적하라고 권한다. 하지만 어부는 왜 그래야 하
는지 도무지 이유를 찾을 수가 없었다. 두 사람의 대화가 한참 동
안 이어지다가 결국 "15년만 더 일해서 부자가 되면 작은 해변에
그림 같은 별장을 짓고 노후를 만끽할 수 있다"고 사업가가 얘기
했다. 어부는 잠시 생각에 잠겼다가 대답했다.
"충고 감사합니다. 그런데 죄송하지만 제 생각에는 제가 그 15
년을 절약할 수 있을 것 같군요. 전 지금 있는 그대로 이렇게 살

럽니다."

자신의 비전을 갖지 못하고 눈앞의 이익만 쫓으면 이 사업가의 권유처럼 의미 없이 시간만 허비할 수 있다. 돈을 벌어서 세상에 가치를 보태는 것을 궁극적인 비전으로 한다면 나름대로 의미가 있을 것이다. 하지만 노년의 여유로움을 만끽하기 위해 돈을 벌겠다는 비전을 세웠다면 굳이 생고생할 필요가 없다. 이런 비전은 잘못된 것이다.

설정이 잘못된 비전은 세월을 낭비하게 만든다. 그래서 자신이 추구하는 비전이 스스로 원하는 올바른 것인지 아니면 다른 사람의 현혹에 빠져 불필요한 노력을 하게 되는 것은 아닌지 되짚어 볼 필요가 있다.

멀리 바다가 내려다보이고 위로는 한라산이 펼쳐진 제주도의 골프장은 겉보기엔 아주 평화로워 보인다. 하지만 제주도에서 골프를 즐겨본 사람이라면 누구나 '한라산 브레이크'라는 착시현상이 도사리고 있다는 사실에 놀란다.

오르막이라고 생각하고 퍼트를 했는데 실제로는 경사가 약한 내리막이거나 그 반대의 현상이 발생하는 것이다. 한라산 방향이면 내리막 같아도 무조건 오르막으로 봐야 하고, 바다 방향이면 오르막 같아도 무조건 내리막으로 봐야 하는 것에 적잖이 당황할 수밖에 없다.

높은 곳에 올라야
멀리 볼수 있지

은퇴 후에도 나는 더 일하고 싶다

이러한 한라산 브레이크는 일반적으로 '마운틴 브레이크'라고 부르는 현상이다. 제주도에서 목격할 수 있는 '도깨비도로' 혹은 '신비의 도로' 같은 착시 현상이다. 이것은 차를 운전하는 사람이 5도 경사의 내리막길을 가다가 3도 기울기로 꺾이는 지점을 바라보면서 그 이후의 도로를 오르막길로 판단하는 착각의 결과이다. 이러한 착시현상은 넓은 범위를 보지 않고 좁은 일부분만 보는 것에서 발생한다.

비전을 세울 때도 이런 좁은 시야와 안목을 경계해야 한다. 전체를 내다볼 수 있는 올바른 지향점을 비전으로 설정해야 한다. 지금 당장의 현실만 고려해서 노년을 볼 것이 아니라 인생 전체를 내다보면서 노년기의 비전을 설정해야 한다. 부분만 보고 무작정 달려간다면 부분착시 현상 때문에 결국 인생 2막에서 큰 사고를 당할 수도 있다.

묘비에 무엇을 새길 것인가

비전은 오르려고 하는 멀리 보이는 정상이고, 삶의 철학은 자신의 경험 등에서 만들어 낸 살아가는 기본적인 생각을 가리킨다. 그래서 '죽음으로 가는 열차'의 출발점에서 여생을 소중하게 보내려는 삶의 철학을 담아 묘비명을 짓기도 한다. 자신의 노년의 삶과 새로운 계약을 맺는 것이다.

아일랜드의 극작가 조지 버나드 쇼는 '우물쭈물하다가 내 이럴 줄 알았다'라는 묘비명을 남겼다. 그는 무엇인가 세상에 가치를 더하는 삶을 재촉하면서 인생을 살았을 것 같다.

'살면서 아무것도 하지 않은 사람, 여기 잠들다'라는 묘비명은 아무도 원하지 않을 것이다. 하지만 비전 없이 우물쭈물 살다가 생을 마감한다면 결국 이런 묘비명을 얻게 될 것이다.

욕심과 고민으로 결단을 미루다가 모든 걸 놓쳐버린 것을 동화 속 이야기에서도 찾아볼 수 있다.

혼기가 찬 처녀에게 청혼이 이어졌다. 왕국의 황태자는 자신과 결혼하면 '왕관'을 얻을 수 있다고 말했고, 기사는 '검'을 얻을 수 있다고 했다. 부유한 상인의 아들은 '금괴'를 얻을 수 있다고 말했다. 모두가 좋았던 처녀는 결정을 내리지 못한 채 시간만 끌었고, 구혼자들은 모두 떠나갔다. 상심한 처녀는 병들어 눕게 되었고,

은퇴 후에도 나는 더 일하고 싶다

끝내 세상을 떠나고 말았다. 이후 처녀의 무덤에서는 꽃봉오리는 황태자의 왕관을 닮았고, 잎은 기사의 검을, 그리고 뿌리는 상인의 금괴를 닮은 튤립꽃이 피어났다고 한다.

　노년에 하고 싶은 일은 매우 많을 것이다. 자기 자신을 보살피는 약간의 이기적인 일, 세상에 가치를 보태는 의미 있는 이런저런 일, 여전히 돈 벌어 생활에 보태는 일 등 하고 싶고 할 수 있을 것 같은 일은 매우 많다. 그렇지만 빠른 결단이 필요하다. 이것을 할까 저것을 할까 고민만 하다가 결국 아무 준비도 하지 못하고 은퇴를 맞으면 큰 낭패이다. 인생은 한 번뿐이고, 시간은 되돌릴 수 없다.

두 번째 삶에 보내는 자기소개서
- '꿈 명함' 만들기

우리 인생에는 '세 번'의 정년이 있다고 한다. 첫 번째는 회사가 결정하는 '고용 정년', 두 번째는 자기 스스로 정하는 '일의 정년', 세 번째는 하늘의 뜻에 따른 '인생 정년'이다. '꿈 명함'은 인생의 첫 번째 정년을 앞둔 이가 자신의 두 번째 삶에 보내는 일종의 '자기소개서'이다.

이 명함에는 '회사 이름'과 '지위'가 없는 대신 어떻게 살겠다는 다짐, 의지, 소망이 적혀 있다. '詩 쓰는 ○○○', '지금은 소음, 내일은 화음 기타리스트 ○○○', 'Mr. 귀농귀촌'과 같이 구체적인 꿈을 담은 명함은 끈기가 부족한 사람에게 특히 효과적이다. 자신과의 약속을 타인에게 적극적으로 알리는 과정에서 자기통제의 기능을 수행하기 때문이다.

특히 은퇴 후 남 앞에 서는 일을 계획하고 있다면 '친필 명함'을 사용해보자. 친필 명함이란 휴대전화번호, 이메일 등 신상정보는 명함 뒷면에 인쇄하고, 앞면은 백지인 채로 갖고 있다가 명함을 줄 때 바로 그 자리에서 이름과 꿈을 써서 건네는 명함이다.

직장에 다닐 때는 너무나 당연해서 '있어도 안 쓰는 것'이 명함이다. 하지만 은퇴 후에는 건넬 명함이 없다는 사실만으로 상처받기도 한다. 어떤 특별한 조직에 있어야 명함을 쓸 수 있는 것은 아니다. 자신만의 꿈과 비전으로도 얼마든지 훌륭한 명함이 완성된다. 지금 당장, 꿈 명함을 만들어보자. 안정감과 자신감을 얻을 수 있을 것이다.

[**꿈의 명함 만들어 보기**]

나의 소망 혹은 다짐:

이름: Phone:

E-mail:

,

남다른
은퇴 후를
위한
자기관리

66

행복한 노년,
그것은 그냥 이루어지지 않는다.
미래를 준비하고 과거는 잊어라!

99

1

꿈은 저절로
이루어지지 않는다

왜 관리하고 계발해야 하는가

흔히 '꿈은 이루어진다. 믿는 대로 이루어진다'라고 말한다. 성취할 것에 대한 강한 믿음이 실제 현실로 나타난다는 '자기 성취적 예언'이다. 그러나 꿈은 단지 품는 것만으로 이루어지는 것이 아니다. 그 꿈을 향해 다가가려는 노력과 실천이 있어야 이루어진다. 다시 말해 꿈은 미래를 향한 항해를 돕는 길잡이별에 불과하다.

미국의 소설가 나다니엘 호손의 작품 《큰 바위 얼굴》에는 꿈을 향해 정진하는 인물 어니스트가 등장한다.

어머니는 어린 어니스트에게 마을의 전설을 들려준다. 이 골짜기 마을에서 총명하고 위대한 인물이 될 아이가 태어나며, 그 아이는 어른이 되어가면서 점점 큰 바위 얼굴을 닮아가게 된다는 것이다. 어니스트는 자라면서 어머니의 말을 가슴에 새겼고, 열심히 자신의 삶을 개척해나갔다. 그 결과, 그는 노년에 큰 바위 얼굴을 닮은 사람이 될 수 있었다.

어니스트가 큰 바위의 얼굴을 닮게 된 것은 강한 믿음만이 아니라 그 믿음과 함께 꿈을 향해 가는 자기계발 노력이 있었기 때문이다. 그는 평생 동안 큰 바위 얼굴을 가슴속에 새기고 그 사람과 만나기를 항상 갈망하면서 정진했다. 어니스트는 자신을 통해 큰 바위 얼굴을 만나는 비전을 달성하게 된 것이다.

멋지고 고상한 비전 하나를 생각해냈다고 해서 그것이 그냥 달성될 리가 없다. 성공적 노년을 위한 비전은 준비 없이 그냥 이루어지지 않는다. 비전이라는 '미지의 창'을 향해 다가가는 데 쓰일 에너지를 충전해야 한다. 비전 앞으로 나아가기 위한 자기계발을 꾸준히 해야 하는 것이다.

비전을 이룰 도구는 준비되었는가

고대 그리스에서 천재 수학자로 불린 아르키메데스는 지렛대의 원리를 발견하고 "나에게 충분히 긴 지렛대와 지렛목을 놓을 자리만 준다면 지구를 움직일 수도 있다"고 말했다. 여기서 지구를 움직이는 것이 목적이고 비전이라면 지렛대와 지렛목은 지구를 들어 올릴 수 있는 도구나 수단이다. 이 세상에서 도구나 수단 없이 할 수 있는 일은 별로 없다. 인간능력에 한계가 있기 때문이다.

그래서 한계를 극복하기 위한 도구나 수단을 개발해야 한다. 도구나 수단을 잘 개발한다면 불가능할 것 같은 비전이 달성되거나 가능한 비전을 더 효율적으로 달성할 수 있게 된다. 도구나 수단에는 물질적인 것뿐 아니라 지식과 지혜 같은 정신적, 지적 수단, 신뢰와 인간관계 같은 사회적 수단도 있다. 달성하고자 하는 비전의 종류에 따라 적절한 도구나 수단을 개발해야 한다. 도구나 수단은 은퇴 후 비전 앞으로 나아가기 위한 변화 에너지이며, 이를 충분히 충전하는 것이 비전을 달성하기 위한 성공의 열쇠이다.

파리가 하루에 100킬로미터를 날아갈 수 있겠는가? 아마 혼자의 힘으로는 어림도 없을 것이다. 그러나 말 등에 붙어 가거나 열

차나 비행기에 편승하면 충분히 가능할 것이다. 여기서 말, 열차, 비행기가 도구나 수단이다. 그리고 비전 달성을 위한 도구나 수단은 꾸준한 자기계발을 통해서 만들어질 수 있다.

이제 우리가 정립한 비전 달성을 위해 어떤 지렛대가 필요한지 생각해볼 필요가 있다. 이를 알기 위해서는 비전과 관련된 자신의 강점과 약점, 기회 요인과 위험 요인을 분석해야 한다. 지나온 삶과 현재의 삶을 점검하여 자신이 가진 자원이 무엇이고, 나라는 존재는 무엇에 탁월한 능력을 소유하고 있는지 생각해보자. 내가 가진 자원과 재능의 한계가 무엇인지도 생각해야 한다. 그리고 그 비전을 달성하기 위해 자신을 둘러싸고 있는 환경 중에 무엇이 기회 요인이고 위험 요인인지 분석해보자.

이처럼 치밀하게 분석해본다면 의외로 비전과 현실 사이의 엄청난 괴리를 발견할 수 있을 것이다. 이러한 비전과 현실 사이의 괴리를 메우는 작업을 현직에 있을 때 차근차근히 해나가야 한다. 물질적, 지적, 사회적 에너지를 충분히 충전한다면 다가오는 은퇴가 무섭지 않을 것이다. 이때 비전과 현실 간의 팽팽한 긴장 관계를 유지하면서 준비해나가야 한다. 그래야 동력을 잃지 않고 은퇴 준비에 성공할 수 있다.

'여우와 염소'라는 이솝 우화가 있다.

우물에 빠진 여우는 근처를 지나던 염소에게 물맛이 좋다고 유혹했고, 염소는 앞으로 전개될 일을 전혀 생각하지 않고 우물 안으로 뛰어들었다. 결국 여우는 염소의 뿔을 이용해 우물 밖으로 빠져나왔고, 염소는 우물에 갇혀버리고 말았다.

이 이야기는 앞으로 전개될 상황을 생각하지 않고 무턱대고 뛰어들면 낭패를 볼 수 있다는 것을 알려준다. 무슨 일을 하든 철저한 준비와 상황판단이 중요하다. 튼튼한 지렛대를 마련한 후 안전하게 은퇴로 뛰어들어야 한다.

은퇴 전부터 충전해야 할 변화에너지

우주선이 지구중력을 넘어 우주로 나가기 위해서는 우주선을 밀고 있는 로켓이 엄청난 에너지를 분사해야 한다. 지구가 잡아당기는 힘을 벗어날 수 있는 강한 추진력을 얻어야 하기 때문이다. 마찬가지로 우리가 현직을 넘어 성공적인 은퇴생활로 접어들기 위해서도 충분히 축적된 '변화에너지'가 필요하다. 그래야 우주선이 우주여행을 하듯이 우리가 마음속에 그려둔 비전을 향해 안전하게 다가갈 수 있다.

변화에너지를 축적하기 위해서는 충분히 긴 충전기간이 필요하다. 은퇴를 준비하는 것은 인생 반살이가 지날 무렵인 40대 중반이나 늦어도 50부터는 시작하는 것이 좋다. 적어도 퇴직 10년 내지 5년 전부터 해야 하며, 그 시기는 빠를수록 좋다. 1차 직업을 오랫동안 준비했듯이 은퇴 준비도 스스로 충분한 기간을 가지고 진행해야 한다.

그런데 많은 은퇴자들이 퇴직에 가까워지고 나서야 뭔가를 준비하려고 한다. 퇴직이 임박해서 준비하려면 이미 늦다. 충분히 준비하지 않고 맞이하는 노년은 제대로 되는 것이 하나도 없다. 돈 벌어 생활에 보태는 것도, 여유를 즐기는 것도, 세상에 가치 있는 일을 하는 것도 엉망이 될 수 있다. 노는 것 하나도 배워

에너지가 충분하면
은퇴가 두렵지 않아

놔야 잘 놀 수 있다. 하물며 가치 있는 비전을 실현하기 위해서는 미리 철저하게 배우고 준비하지 않으면 불가능할 것이다.

연금이 있기는 하지만 추가로 필요한 은퇴자금도 미리 계획을 세워 마련해나가야 한다. 은퇴를 준비하기 위한 자기계발을 하려면 미리 관심 분야의 정보를 얻고 재창조하는 학습도 필요하다. 연구모임에 가입하거나 학원 수강, 관련 학위 취득 등 자신이 세운 비전에 맞게 준비해나가야 한다. 자격증이 필요하다면 그것 역시 미리 준비해두어야 한다.

은퇴 후 전원생활을 꿈꾸는 사람이라면 먼저 근교에 텃밭이라도 일궈봐야 한다. 막연히 낭만만 쫓아가다 실패할 수 있기 때문이다. 귀농이 꿈이라면 미리 농기구를 다루는 방법을 익히거나 농사 지식을 학습해두어야 한다. 귀촌 역시 그렇다. 낯선 곳에 가서 새로운 공동체 생활에 잘 적응하고 협동하며 원만하게 살아가기 위해서는 미리 관련 지식의 습득과 마음의 준비가 필요하다. 그리고 과연 그런 곳에 가서 잘 살 수 있을지 단기체험 같은 적응 노력도 해볼 필요가 있다. 인간은 로빈슨 크루소처럼 혼자서 살아갈 수는 없기 때문이다.

아울러 은퇴를 중심에 두고 새로운 판을 짜야 한다. 이전과는 전혀 다른 공간에 놓일 것이며, 주변의 많은 것이 변할 것이다. 그러므로 새로운 영역을 확보하려는 충분한 변화가 절실하다. 내가 잘하는 영역으로 만들어 놓고 은퇴와 싸워 이겨야 한다. 이기는 판을 미리 만들어 놓고 싸우는 것이 현명한 전략이다.

일본 에도시대의 유학자 사토 이사이는 "장년에 배우면 노년에 쇠하지 않는다"고 했다. 뒤집으면 노년에 쇠락하지 않기 위해 장년에 배워야 한다는 뜻이 된다. 준비된 노년은 아름답고, 준비되지 않은 노년은 추하다. 은퇴 후의 아름다운 비전을 준비하기 위해 늦기 전에 시작하자. 동물들은 과거와 현재에 갇혀 살지만 인간은 미래를 내다보고 산다고 하지 않는가.

2

효율적으로
자기계발하기 위하여

비전은 나를 새롭게 하는 힘이다

은퇴를 준비하기 위해 자기계발을 효과적으로 하려면 비전을 내재화해야 한다. 비전의 핵심가치를 명확히 이해하고 마음속 깊이 새겨야 한다. 비전 속에 푹 빠져들어야 열정을 갖고 준비할 수 있다. 그러면 자신도 모르는 사이에 자신을 조종하는 힘이 생긴다. 비전은 내 안의 거대한 힘이 되어 자신과 세상을 조종한다.

비전을 어떤 상징이나 이미지로 시각화할 필요도 있다. 글로 표현하려면 여러 페이지가 필요한 것을 그림은 단번에 보여준다. 상징적 이미지는 우리의 뇌에서 매우 빠르게 처리될 뿐만 아니라 이렇게 처리된 이미지는 우리의 기억 속에 깊숙이 자리 잡기 때문에 그만큼 강력한 힘을 발휘한다. 또한 상징은 많은 경우에 우리의 동의 없이 우리에게 영향을 미치는데, 그것은 우리의 뇌가 여러 이미지를 끊임없이 잠재의식으로 혹은 자동적으로 처리하기 때문이다.

만약 은퇴하고 나서 세계를 누비는 여행 작가가 되는 비전을 세웠다면 가슴속에 세계지도 한 장을 간직해볼 수 있다. 항상 가슴 설레게 하는 여행 작가의 꿈이 가슴으로부터 우러나와 자료 수집, 어학 준비, 글쓰기 연습, 체력관리 등 관련 준비를 소홀히 하는 일이 없게 될 것이다. 아마추어 마라토너가 풀코스를 3시간 안에 완주하는 꿈을 가슴속에 깊이 새겼다면 숨이 차고 힘들다가도 몸이 가뿐해지는 '러너스 하이(runner's high)'를 느낄 수 있듯이, 마음속 깊이 내재된 비전은 준비 과정의 모든 괴로움을 잊게 한다.

짐 캐리는 영화배우의 꿈을 안고 미국으로 건너갔지만 너무나 가난했다. 어느 날 그는 '이대로 살 수 없다'며 할리우드에서 가장 높은 언덕으로 올라가 수표용지에 5년 후 출연료 1,000만 달러를 자신에게 지불하겠다고 서명했다. 그는 그 빈 수표를 지갑에 넣고 다녔다. 그리고 정확히 5년 후인 1995년, 그는 《덤 앤 더머》의 출연료 700만 달러, 그리고 《배트맨》의 출연료 1,000만 달러를 받을 수 있었다. 이처럼 가슴속 깊이 내재된 비전은 어떤 어려움 앞에서도 포기하지 않고 성공으로 이끌어주는 힘이 된다.

비전이라는 캔버스에 나를 그려라

비전을 향한 자기계발은 다양한 경험들을 토대로 이루어진다. 우리는 실제로 경험해보는 것, 그래서 몸으로 익히는 것이 얼마나 유용하고 중요한지 잘 알고 있다.

대하소설 《혼불》을 쓴 최명희 작가는 글을 쓸 때 항상 몸으로 익히는 것을 실천했다. 《혼불》은 잊혀가는 우리말의 아름다움을 가장 잘 표현하고 있는 작품이다. 이 작품을 쓰기 위해 그는 우리말사전을 시집처럼 읽었다고 한다. 사전을 항상 책상머리에 놓아두고 필요한 단어를 찾을 때도 보고, 무료할 때도 보고, 쓸쓸할 때도 보고, 심심할 때도 보고, 전화를 받다가도 넘기곤 했다. 그런 과정들 속에서 수많은 단어들과 익숙해졌다고 한다.

계속 생각하고 또 생각하면서 비전이라는 화폭에 새로운 그림을 그려보자. 논리가 아닌 직관으로 알 수 있을 때까지 말이다. 그 과정에 투자한 시간만큼 비전은 성숙될 것이다. 어린아이들만

그림을 그리는 것이 아니다. 어른들도 행복한 인생 2막을 생각하면서 멋진 그림을 그려나갈 수 있다. 그림이 구체적일수록 차츰 노후를 위한 자기계발이 완성되어갈 것이다. 그림 그리기에 몰두하면 좌절과 상실감에 빠져들 여유도 생기지 않게 된다.

다양한 그림 그리기는 현재의 자신과 은퇴 후의 자신을 서로 연결해주는 작업이다. 하나의 그림을 그릴 때는 성급히 결과를 예측하려 들지 말자. 좋은 과정과 태도를 고민하는 것이 중요하다. 작업을 하다 보면 스스로 의문이 들 때가 있다. 그 의문을 풀지 못하더라도 그려나가자. 시간이 지나면 목적 없이 헤매는 것 같지만 나름의 방향으로 가고 있다는 확신을 갖게 된다. 인도 독립의 아버지로 불리는 마하트마 간디는 이렇게 말했다.

"참고 견디는 힘이 없다면 결코 인생의 승리자가 될 수 없다. 인내는 정신의 숨겨진 보배이다. 그것을 활용할 줄 아는 사람이 현명한 사람이다."

역경과 적당한 스트레스를 인내하면서 비전이라는 화폭을 채울 수 있는 과제들을 수행해나가자. 인생의 어느 시기든 중요하지 않은 순간이 없겠지만, 특히 노년을 준비하는 이 시기는 매우 중요하다. 그저 어제가 오늘이고, 오늘이 내일이라는 식으로 반복되는 일상을 살다보면 금방 은퇴가 다가온다. 아름다운 노년 만들기의 핵심은 비전이라는 화폭에 다양한 그림들을 미리 그려

보면서 하나하나 준비해나가는 것이다.

즐거움과 호기심이라는 추진력

　인간은 영원히 살 수는 없지만 죽는 순간까지 재미있게 그리고 젊게 살 수는 있다. 자기 안의 어린아이, '네오테니'를 살린다면 말이다. 네오테니(Neoteny)는 어린아이의 특성을 성인이 되어서도 계속 간직하는 것을 뜻하는 생물학 용어다. 네오테니는 유희성, 독창성, 기쁨, 사랑, 낙천성, 웃음, 눈물, 노래, 춤, 경이감, 호기심 같은 특성을 더 키워나가는 방법을 알려준다. 또한 이런 특성을 평생 습관으로 삼아 나이 드는 것을 긍정하도록 만든다. 한마디로 네오테니는 젊게 나이 드는 일과 연결되어 있다.

　네오테니의 교훈은 우리가 아이의 발달 수준에 계속 머물러야 한다는 것이 아니다. 그것은 사랑, 우정, 탐구심, 호기심, 유희성, 독창성, 유머감각, 동정심 등을 억누르지 말고 평생에 걸쳐 활용할 필요가 있다는 의미이다.

　우리 안에는 항상 기쁨과 호기심에 가득 차 있고 자신을 가능성의 존재로 바라보며 무엇이든 해보려고 하는 생기 가득한 젊음의 유전자가 있다. 우리가 비전 앞으로 나아가기 위해 자기계발을 할 때 동력을 잃지 않으려면 우리 안에 있는 네오테니라는 젊음과 창조의 속성을 키워나가야 한다. 놀이와 웃음과 호기심을 잃은 채 재미없는 어른의 마음으로는 자기계발을 제대로 할 수 없다. 어설픈 개그라도 어떻게든 곁들이려는 '아재'의 마음이 자기계발에 큰 도움이 된다.

네오테니와 유사한 특성으로 고령화사회의 새로운 문화 키워드 '키덜트'가 있다. 키덜트(Kidult)는 어린이를 뜻하는 키드(Kid)와 성인을 뜻하는 어덜트(Adult)의 합성어로, 어른이 되었는데도 여전히 어렸을 때의 분위기와 감성을 간직한 성인을 일컫는다. 이들은 어린 시절에 경험했던 갖가지 향수들을 여전히 잊지 못하고 그 경험을 다시 소비하고자 하는 특성을 가지고 있으며, 장난감이나 패션 등으로 이런 욕망을 적극적으로 충족시키고자 한다. 이러한 사회적 현상을 '피터팬 증후군'이라고도 하는데, 이는 영원한 소년의 대표적인 캐릭터인 피터팬에서 유래한 말이다. 하여튼 아이다운 어른의 속성을 갖는 것은 자기계발에 큰 도움이 된다.

'호기심은 모든 것을 정복한다'는 말이 있다. 그런데 사람들은 나이가 들수록 호기심이 줄어든다. 일상은 지루해지고 흘러넘치던 열정은 찾아보기 힘들어진다. 그 원인 중 하나는 익숙함이다.

익숙함을 털어내야 노년을 준비하기 위한 창조적 자기계발이 가능해진다. 인생에서 최악의 상황은 피곤에 절어 어떤 것에도 흥미를 느끼지 못하는 상태이다. 무엇을 해도 감흥이 나지 않고 어떤 것에도 관심이 없다면 다른 생각을 해봐야 한다.

툇마루에 비친 햇살을 방으로 가져오기 위해 빗자루를 들고 나가 쓸어 담으려고 했던 어린 시절을 떠올려 보자. 젊은 시절, 봄에 돋아나는 새싹을 보고 생명의 신비에 감탄했던 그때, 여름날 비를 흠뻑 맞으며 마냥 뛰어놀던 그때, 떨어지는 가을 낙엽을 보고 슬픔에 눈물지었던 그때, 밤새 눈길을 걷다가 지쳐 걸음을 멈췄던 그때를 떠올려보자. 매 순간 호기심을 갖고 즐기면서 노년을 준비하자. 설레는 마음으로 비전 앞으로 다가가기 위한 자기계발을 해나가자.

연금과 재산과 일을 조합하라
- 노후 소득보장의 상호보완체계

100세를 넘게 살지 모르는 상황에서 은퇴자금을 관리하는 가장 탁월한 방법은 소위 '연금과 재산과 일'을 슬기롭게 조합하는 것이다.

연금에는 소위 '3층 연금'이라 불리는 국가책임의 1층 공적연금과 기업책임의 2층 퇴직연금, 자기책임의 3층 개인연금이 있다. 죽을 때까지 보장하면서 물가변동까지 반영하는 연금은 공적연금뿐이다. 은퇴 후의 기본생활 보장을 위해 국민연금, 공무원연금, 군인연금, 사립학교교직원연금에 내는 보험료를 아깝다고 생각하지 마라. 근로자퇴직급여보장법에 따른 퇴직연금이나 퇴직금은 가급적 중간정산 받지 말고, 자녀의 결혼자금이나 유학비용으로 모두 써 버리지 말자. 세제혜택의 개인연금은 노후생활을 윤택하게 해 줄 수 있으니 많이 들어두면 좋다.

노후자금으로 재산을 잘 활용하는 것도 매우 중요하다. 재산에서 고정적으로 나오는 임대소득도 좋지만, 주택연금이나 농지연금도 활용해 볼만하다. 죽을 때 다 가져갈 수 있는 것이 아니니 자기의 수명을 고려해서 적절하게 사용하는 것이 현명한 방법이기 때문이다. 노

은퇴 후에도 나는 더 일하고 싶다

후준비를 위해 마련해 놓은 금융자산에서 나오는 소득도 당연히 활용해야 한다.

　은퇴 후의 일은 삶의 의미를 찾게 해주지만 경제적으로도 보탬이 될 수 있다. 그러니 현직에 있을 때부터 자신의 재능에 제대로 투자하라. 은퇴 후 50만 원의 월급도 1% 금리시대에는 무려 6억 원의 예금자산과 같은 가치를 가진다. 그래서 은퇴준비를 위해 돈을 저축하는 것 못지않게 재능을 저축하는 것이 중요하다.

3

경제적 장애물에서
자유롭고 싶다면

은퇴하기 전에 빚부터 없애라

퇴직하기 전에 반드시 처리해야 할 첫 번째 과제는 부채 상태에서 벗어나는 것이다. 빚이 있다면 퇴직 전 고정소득이 있을 때모두 청산해야 하며, 새로운 부채를 만들지 말아야 한다. 그래야인생 2막에 생활고를 겪지 않는다. '노년파산'이라는 말이 있다. 소득 없이 매일 빚 걱정하면서 살아가는 노년이 과연 행복할 수있을까? 생활비가 없어서 정부의 복지프로그램에 의존하거나 자식 눈치 보며 살아가는 삶을 생각해보라. 자존감은 땅에 떨어지고, 목숨이 붙어 있어 하는 수 없이 사는 세상, 서러워도 소리 내어 울지도 못한다.

부채는 보통 작은 금액의 마이너스통장을 사용하면서 시작된 다고 한다. 수시로 현금서비스를 받고 대출원금 상환을 하지 않은 채 이자만 내며 아무렇지도 않은 듯 살아가면서 점점 부채가 늘어나는 것이다. 빚은 그냥 두면 자꾸 불어나 나중에는 악성채무가 된다. 부채관리는 부채의 악순환 고리를 끊는 것에서부터 시작해야 한다.

퇴직이 얼마 남지 않은 사람은 작은 금액이라도 마이너스통장, 현금서비스 사용을 자제해야 한다. 카드 돌려막기는 파산의 지름길이다. 신용대출, 담보대출 이런 것도 바로 갚을 능력이 없다면 받지 말아야 한다. 외식과 소비를 줄이고 긴축 가정경제를 실시해야 한다.

빚은 그냥 놔두고 매달 들어오는 봉급으로 처자식과 먹고 즐기기만 하다가는 인생 말년을 배고프게 사는 신세가 될지도 모른다. '그냥 뭐 어떻게 되겠지'라고 생각한다면 오산이다.

자녀의 유학이나 결혼을 위해 빚까지 낸다면 소득이 급감하는 기나긴 은퇴기를 어떻게 살아갈 것인가? 은퇴가 다가올수록 위험을 회피해야 한다. 위험성이 높은 곳에 투자하지 말고, 특히 주택을 저당 잡히지도 말자. 저당을 뜻하는 '모기지(Mortgage)'는 라틴어의 '죽음(Mort)'과 '서약(Gage)'에서 유래했다고 한다. 무시무시

하지 않은가. 잘못된 경제관념과 지나친 부채는 죽음을 약속하는 끔찍한 서약이 될 수 있다.

무소득의 절벽을 뛰어넘는 법

은퇴를 가로막는 두 번째 장벽은 퇴직 직후에 닥치는 소득 크레바스이다. '크레바스(Crevasse)'란 '빙하가 갈라져서 생긴 좁고 깊은 틈'을 뜻하며, 흔히 퇴직 이후부터 연금을 받기 전까지 발생하는 무소득 기간을 지칭한다. 말 그대로 인생에서 현금 흐름의 거대한 틈이 생겨버리는 것이다.

공무원연금이나 국민연금은 모두 연금 지급이 개시되는 연령이 있다. 공무원연금은 60세 전부터 지급되는 일부 경과 조치가 있지만, 60세에서 점진적으로 늦춰져 지급이 시작되는 시점은 65세가 된다. 사학연금도 마찬가지다. 국민연금도 현재 61세에서 2018년 62세, 그리고 매 5년 단위로 한 살씩 늦춰져 65세가 된다.

그런데 대개 1차 직업의 현실적인 퇴직연령이 연금지급 개시 연령보다 수 년 또는 많게는 10년 정도까지 빠르다. 공무원의 경우 정년이 일반직 공무원 60세, 교육공무원 62세 등으로 규정되

어 있지만 현실적으로 정년을 채울 수 없는 경우가 더 많다. 그리고 정년 규정이 공무원연금법에 규정된 연금지급 개시연령의 연장에 맞추어 65세까지 연장될 계획은 현재로서는 없다. 국민연금 가입자의 경우에는 공무원보다 일반적으로 퇴직 연령이 훨씬 낮다. 따라서 일반 회사원의 경우에는 무소득 크레바스 기간이 공직자보다 훨씬 길다고 할 수 있다.

퇴직할 때 일시불로 받는 얼마간의 퇴직금이 있지만 자녀 교육비나 결혼 비용으로 다 털어 넣어야 할 판이다. 더구나 이미 재직 중에 중간정산을 받아 얼마 남지 않은 경우가 많다. 미리 앞당겨 받는 조기연금이 있기는 하지만 그럴 경우 나머지 인생 동안 계속 감액된 연금을 받아야 한다. 그래서 퇴직 후 연금이 나오기 전까지 소득 없이 살아가야 하는 균열의 절벽을 미리 대비해야 한다.

그렇다면 어떻게 이 소득절벽을 극복할 수 있을까? 현직에 있을 때 절약하면서 개인연금을 들어 두거나 저축을 해놔야 한다. 부동산을 마련해서 임대소득으로 살아가는 것도 좋은 방법이다. 그러나 무엇보다 은퇴를 대비해서 미리 가교직업을 탐색하고 준비해두는 것이 더욱 좋다. 내가 아는 어떤 사람은 일주일에 5일은 현직근무를 열심히 하고, 2일 동안 휴일에는 은퇴를 준비했다고 한다. 그렇게 10여 년을 준비해서 상당한 은퇴자금도 모았고 퇴

은퇴 후에도 나는 더 일하고 싶다

직 즉시 자기가 할 일을 주저 없이 시작할 수 있었다고 한다.

은퇴 후 쉽게 접근할 수 있는 자영업은 무작정 뛰어들 것이 아니다. 그랬다가는 퇴직금만 날리기 십상이다. 지금 우리나라가 치킨공화국, 커피숍이나 음식점 천국이 된 것은 장사가 잘 되어서가 아니라 진입장벽이 낮고 손쉽게 문을 열 수 있기 때문이다. 하지만 쉽게 문을 열 수 있는 만큼 쉽게 문을 닫는 것이 현실이다. 이 분야에 진출하더라도 현직에 있는 동안 미리 철저하게 준비해 놓아야 실패확률을 낮출 수 있다.

퇴직 후의 삶, 일시금보다 연금을

국민연금은 연금 수급 요건을 갖춘 10년 이상 가입자에게 무조건 연금으로 지급되지만, 공무원연금, 군인연금, 사립학교 교직원연금은 연금 수급 요건을 갖춘 경우에도 매달 받는 연금에 갈음하여 한꺼번에 목돈으로 받는 일시금을 선택할 수 있다. 이 경우 퇴직급여는 일시금이 아닌 연금을 선택하는 것이 노후를 위해 좋다.

물론 생존 기대기간에 따라 일시금이 유리할 수도 있다. 연금

인상률과 이자율 가정에 따라 다르지만 대개 7, 8년 정도 연금을 받으면 일시금과 연금 수령액이 비슷해진다. 2014년 생명표에 의하면 우리나라의 기대수명은 남자 78.99세, 여자 85.48세로 평균 82.4세이다. 연금지급 개시연령 60세 기준으로 기대여명은 남자 22.39세, 여자 27.35세로 평균 25.14세이다. 남성의 경우 기대여명이 좀 짧지만 배우자에게 유족연금이 지급되기 때문에 실제 연금 수급 기간은 여성의 기대여명을 기준으로 보는 것이 더 적합하다. 그래서 60세에 퇴직해서 평균 27년 정도 연금을 받는다고 보면 일시금에 비해 기대연금이 4배 가까이 많다.

평균적으로 산다면 연금이 일시금보다 훨씬 유리하고 조금 덜 살더라도 연금이 유리하다. 이렇게 일시금보다 기대연금 수급액이 훨씬 많게 된 이유는 수명연장에 있다. 공무원연금에서 일시금 선택제도를 도입한 것이 1970년이었는데 당시의 평균수명은 61세 정도로, 지금보다 20년 이상 짧았다. 그때보다 지금이 20년 이상 연금수급 기간이 늘어났기 때문에 자동으로 연금액이 많아진 것이다.

간혹 퇴직 즈음에 금전적 어려움이 있어서 일시금을 선택하는 경우가 있지만 연금은 노후를 살아가는 기본 생계비이기 때문에 일시금으로 찾아 쓰지 말아야 한다. 빚보증 등으로 연금을 압류당할 것을 우려해 일시금을 선택하는 경우도 있지만 사회보장연금 수급권은 사전에 압류할 수 없도록 법이 보장하고 있다. 연금 통장에 입금된 연금도 기본생계비 정도는 압류할 수 없도록 규정되어 있다. 그러므로 반드시 연금으로 받아야 한다.

이런저런 사정이 있더라도 무엇보다 여생을 돈 걱정 없이 살아가려면 죽을 때까지 안전하게 받을 수 있는 연금을 선택해야 한다. 일시금을 사업 밑천 삼아 한탕하려는 것은 무모하다. 일시금은 오래 보관할 수 없다. 공직자 출신의 돈은 먼저 보는 사람이 임자라고 하지 않던가. 오랫동안 보지 못했던 학교 동창이 나타나 취직이나 사업을 미끼로 사기를 치는 경우도 많다. 자식들이 부모 돈 냄새를 맡고 반 강제로 뺏어가기도 한다. 목돈 가져갈 때는 매달 입금되는 연금처럼 부모님 통장에 입금해준다고 약속하지만 그걸 지키는 자식은 없다고 한다. 돈 내 놓으랄까봐 두려워 발걸음까지 끊어버린다. 오히려 연금을 타서 매달 조금씩 손자 학비나 며느리 용돈으로 보태 주면 돈 받는 맛에 계속 찾아올 것 아닌가. 당연할 것 같은 이야기를 장황하게 늘어놓는 이유는 공무원연금의 경우 아직도 수급자의 5퍼센트 정도가 일시금을 선택하고 있기 때문이다.

대부분의 사람들이 당연히 연금을 선택하겠지만 그래도 큰 걱정은 남아 있다. 수시로 연금개혁을 해서 도대체 미래의 연금을 믿을 수 없기 때문이다. 하지만 연금개혁은 연금제도의 장기적

지속 가능성을 확보하기 위한 것이지 연금을 줄여 푼돈으로 만들려고 하는 것이 아니다. 더구나 개혁하더라도 지급률을 소급 조정하여 연금 지급액을 줄이는 경우는 없고 향후 지급될 연금의 인상폭을 조정하는 정도에 그친다.

연금은 한번 선택해서 받아버리면 바꿀 수 없기 때문에 신중을 기해야 한다. 1990년대 후반 IMF 위기 상황에서 치솟는 금리를 보고 많은 사람들이 일시금으로 받아서 굴리는 것이 유리할 것으로 생각했고, 금융기관들도 자기에게 맡기면 원금은 그대로 두고 이자만으로 연금만큼 준다고 부추겼다. 게다가 공무원연금의 경우 제도 성숙으로 재정문제가 불거져 연금개혁이 논의되고 있었다. 그래서 절반 이상의 퇴직자들이 연금 대신에 일시금을 선택했다. 몇 년 지나 금리는 안정되어 이자 수입은 급격하게 줄어들었고, 2000년 연금개혁이 있었지만 연금액의 급격한 변화도 없었다. 일시금을 받은 많은 사람들이 연금공단에 찾아가서 이자 붙여 반납할 테니 부디 연금으로 바꿔달라고 했지만 이미 엎질러진 물이었다.

은퇴 후에도 나는 더 일하고 싶다

4

모든 시작은
남이 아니라 나로부터

마음이 바로 서야 내일이 보인다

은퇴 변화관리에서는 재무적인 것도 중요하지만 심리적 전환이 더 중요하다. 은퇴와 함께 이전의 삶에 이별을 통보하고 인생의 항로를 대폭 수정해야 한다. 은퇴한다고 세상이나 환경이 우호적인 태도로 바뀌지 않는다. 스스로 새로운 환경에 적응해 나가야 한다. 만약 변화를 수용하지 않는다면 인생의 큰 암초에 부딪혀 침몰하고 말 것이다. 이와 관련된 이야기 하나를 소개한다.

전함이 악천후를 만나 바다에서 고립되었다. 안개가 짙었고 앞이 잘 보이지 않는 상황이었다. 이때 멀리서 불빛이 빠르게 접근

해왔다. 함장은 건너편 배에 신호를 보내 기수를 돌리게 하라고 명령했다. 하지만 오히려 건너편 쪽에서 전함의 기수를 돌리라는 답신이 왔다. 상대편 병사의 무례한 반응에 함장은 기분이 상했고, 다시 한 번 기수를 돌릴 것을 명령했다. 하지만 건너편 병사는 다급해서 이렇게 외쳤다.

"함장님이 기수를 돌려 우회해야 충돌을 피할 수 있습니다. 저는 등대지기입니다!"

그 말을 들은 함장은 즉시 전함의 코스 변경을 지시했다. 만약 함장이 계속 고집을 부렸다면 등대와 충돌해 침몰했을 것이다.

톨스토이는 "사람들은 저마다 인간을 변화시킬 생각을 하지만, 정작 자신을 변화시키는 것은 생각하지 않는다"고 했다. 그만큼 변화를 통한 자기경영이 어렵다는 뜻이다. 자신이 스스로 생각을 바꿔야지 세상이 바뀌는 것이 아니라는 것은 누구나 알면서도 과거의 성공에 집착하는 사람들이 많다. 《화엄경》에서 "나무는 꽃을 버려야 열매를 맺고 강물은 강을 버려야 바다에 이른다"고 했다. 현역을 버리고 기꺼이 성공적 노년을 맞이할 생각을 해야 한다. 겨울 내내 인내하면서 핀 고상한 목련꽃도 개화를 끝내면 미련 없이 떨어져야 한다. 계속 매달려 있으면 추해질 수밖에 없다.

은퇴한다고 '중요한 인물'에서 '하찮은 인물'로 전락하는 것은 아니다. 부디 과거의 성취로부터 자신을 놓아주자. 이제 직업인이 아닌 세상에 가치 있는 일을 하는 멋진 사람으로 마음을 새롭게 가져보자. 직업은 생계유지와 노후연금을 붓기 위해 하는 활동이고, 일은 하나의 가치를 세상에 보태는 것이다.

원효대사는 해골 속에 고여 있던 물을 마시고 '모든 것은 마음에 달렸다'는 것을 깨달았다. 아름다운 은퇴도 결국 자신의 마음먹기에 달렸다.

어제를 기준으로 내일을 재지 마라

심리적 전환은 과거의 실체와 정체성을 버리는 데에서 출발한다. 그런데 과거의 정체성을 버리는 것이 그리 만만치 않다. 상당한 기간 동안 일관성 있게 유지해온 주관적 경험을 모두 버려야 하기 때문이다. 아울러 다른 사람과의 관계에서 어떤 본질적인 특성을 지속적으로 공유하는 것도 버려야 하기 때문이다.

더구나 인간은 원래 변화에 익숙하지 않은 '관성'이라는 성향도 가지고 있어서 기존의 사고, 습관, 방법을 고수하려고 한다. 무엇보다 변화는 기존의 권한과 일을 없애버릴 수도 있기 때문에 고

137
제3단계 · 남다른 은퇴 후를 위한 자기관리

통과 아픔을 수반한다. 그래서 흔히 변화를 두려워한다. 또한 변화는 이벤트가 아니라 프로세스이기 때문에 시간을 요구하며, 미래에 대한 확신이 없으면 용기 있게 변화를 추구하기가 어렵다.

19세기 초 프랑스의 곤충학자 파브르는 '열 짓는 쐐기벌레'의 행동을 연구한 바 있다. 파브르는 먼저 리더 역할을 하는 쐐기벌레를 꾀어 커다란 화분의 가장자리를 맴돌게 했다. 약 2, 3분 뒤 모든 하부 단위의 쐐기벌레들은 대열을 정비하고 우두머리의 뒤를 쫓아 화분을 빙글빙글 돌았다. 이 곤충들은 일말의 의심도 없이 우두머리의 뒤를 따르며 먹이를 향한 행군을 계속해나갔다. 그러나 정작 이들의 먹잇감은 바로 몇 인치 위에 달려 있었다. 놀랍게도 이 작은 행렬의 무의미한 행군은 며칠 동안 계속 이어졌고, 결국 탈진과 배고픔으로 인해 죽어나가기 시작했다. 은퇴라는 변화에도 불구하고 과거 현역 시절의 방법과 특성을 버리지 않고 맹목적으로 나아가면 열 짓는 쐐기벌레와 같이 고난에 처하게 될 것이다.

예전에 일요일 한강 둔치에서 혼자 마라톤을 즐기다가 열 짓는 쐐기벌레와 비슷한 사람을 목격한 적이 있다. 불광천을 따라 한강 둔치까지 진출했다가 다시 불광천으로 접어들어 얼마를 달리고 있었을 때 한 사람이 계속 내 뒤를 따라왔다. 그렇게 한참을 달리다가 나를 조금 앞질러 나가던 그가 곧 뭔가 이상하다는 듯

은퇴 후에도 나는 더 일하고 싶다

주위를 살폈다. 그러고는 원망스러운 눈으로 나를 힐끗 쳐다본 후 고개를 숙인 채 오던 길을 되돌아갔다. 그 사람의 가슴에는 번호판이 붙어 있었다. 알고 보니 한강 둔치에서 열리는 마라톤 대회에 참가했다가 그만 혼자 달리고 있는 내 뒤를 무심코 따라온 것이었다.

은퇴했는데도 생각 없이 엉뚱한 길을 계속 달릴 작정인가. 힘든 역경 속에서 얻어낸 것들이니 그대로 간직하고 싶은 것인가. 그러나 《법화경》에서 비유하고 있듯이 뗏목을 이용해 이미 강을 건넜다면 그 뗏목은 필요 없게 된다. 강을 건너 땅을 밟고 가면서도 예전에 소중했던 물건이라는 이유로 버리지 못하면 불편한 짐이 될 뿐이다.

물론 이런 것을 다 이해한다고 해도 마음속에 도사리고 있는 현역 시절의 사회적 지위의식을 버리는 것은 매우 어려운 일이다. 그래서 많은 사람들이 은퇴 후 종전의 지위와 자존심에 갇혀 집에서 뒹굴기도 한다. 하지만 은퇴와 함께 그 지위와 자존심도 함께 은퇴시키는 것이 현명한 자세이다. 과거에 대한 집착은 새로운 전진을 가로막을 뿐이다. 현직이 국장이고 교장이었다고 해서 죽는 그날까지 국장과 교장 행세를 하면서 살 수는 없지 않은가. 현직의 모든 것을 내려놓으면 은퇴 후의 세상도 살 만하다. 자기만의 색깔과 향기로 살 수 있는 삶이 얼마나 멋지고 신바람아... 나도 옛날에는...

은퇴 후에도 나는 더 일하고 싶다

나는 삶인가.

현직을 바탕으로 은퇴를 바라보면 안 된다. 은퇴는 또 다른 세상이다. 생각을 바꾸면 마음의 안정과 평화를 찾을뿐더러 무한한 자유와 즐거움도 느낄 수 있다. 세상을 보는 시각을 바꾸면 세상이 무한대로 넓어진다. 본래 자신의 색깔대로 살아보자. 현직의 장벽에 갇혀 그 색깔을 마음껏 표출하지 못하고 그냥 살아가는 것은 얼마나 불행한 일인가. 부디 아집으로 아름다운 인생 후반을 망치지 말자. 유연하고 창조적인 사고가 그 어느 때보다 필요하다.

한 사람이 제주도로 여행을 갔다. 그런데 그를 맞이한 것은 여행 기간 내내 지독한 비바람뿐이었다. 그는 결국 여행을 취소하고 집으로 돌아왔다. 그 후로 그는 주변 사람들에게 제주도는 정말 갈 곳이 못 된다는 이야기를 늘어놓았다. 가족들이 아무리 제주도로 가자고 해도 그는 좀처럼 말을 듣지 않았다. 많은 세월이 흘러 그는 우연한 기회에 다시 한 번 제주도로 여행을 떠나게 되었다. 이번에는 날씨가 좋았고, 보이는 풍경 역시 숨 막히는 절경이었다. 그는 가족에게 편지를 보냈다.

"사랑하는 가족들아, 제주도는 정말 많이 변했단다."

제주도가 변하긴 뭐가 변했겠는가. 제주도의 날씨는 예나 지금이나 맑은 날보다 흐린 날이 많고 비와 바람도 심하다. 방문했던 시기의 날씨가 달랐던 것뿐이다.

잘 다스려야 할 심리적 변화

은퇴라는 변화는 빠르게 이루어지지만 내적인 심리 전환은 상
대적으로 느리게 이루어진다. 겉으로는 적응하는 것 같지만 속으
로는 새로움도 낡음도 아닌 상태에서 한동안 갈등하게 된다. 끝
내기와 새로운 시작의 중간 단계에서 불안이 커지고 동기부여는
감소한다. 때로는 방향 감각을 잃고 회의감에 빠질 수도 있다.

'정년공황'이라는 말이 있다. 아침에 일어나 양복을 챙겨 입고
어디론가 향한다. 막상 어느 건물 앞에 다다라서야 이제 내가 올
곳이 아니라는 것을 알아채면서 발길을 돌린다. 이렇게 무심코
전에 근무했던 직장까지 갔다가 발길을 돌리며 낙담한다면 정년
공황이 온 것이다. 바쁘게 움직이는 군중 속에서 문득 내가 왜 이
시간에 여기에 있어야 하는지 의문에 휩싸이면서 당혹해한다. 퇴
직 후 대인관계를 기피하면서 외부 출입을 중단하며 자폐증에 가
까운 증세를 보이기도 한다.

오직 직장생활만이 삶의 전부인 양 충실했던 사람, 퇴근시간

이후에도 직장을 떠나는 것이 쉽지 않았던 사람이나, 휴일까지 반납하고 오로지 일에만 몰입했던 사람일수록 더 큰 정신적인 좌절에 빠지게 된다. 일하는 것은 미덕이고 일하지 않는 것은 나태로 여겨지던 시절을 경험한 세대들 역시 큰 상처를 입게 된다. 이제 사회나 가정에서 필요 없는 존재가 되었다는 무기력과 자괴감에 휩싸여 우울증이 지속되기도 한다.

어떤 이들은 은퇴 직후 각종 통증과 식욕감퇴, 불면 등의 신체적 증상이 나타나고 불안, 초조, 우울 등 심리적 증상이 나타나기도 한다. 퇴직 후 1년 사이에 갑자기 머리칼이 하얗게 세면서 늙어버리고, 심한 경우에는 모든 것에 의욕을 상실하고 결국 건강까지 잃는 경우도 있다. 이렇게 되면 수십 년간 부어온 기여금에도 불구하고 한꺼번에 연금이 모두 날아가 버린다. 경제적인 준비 못지않게 마음의 준비가 중요한 이유이다.

조금 고통스럽더라도 중간 단계는 원하는 것을 얻기 위한 가장 창조적인 단계일 수 있다. 중간 단계는 위기인 동시에 기회의 단계이며 전환의 핵심이다. 그래서 안정적 은퇴기로 접어들기 위해서는 심리적 전환의 중간 단계를 잘 관리해야 한다.

은퇴와 함께 좌절을 겪으면서 분노할 수도 있지만, 사실 적절하게 관리된 좌절 이후의 분노는 새 출발을 위한 에너지가 될 수 있다. 분노는 자기에게 주어진 환경에 적응하려는 자연스러운 반응이고, 자신을 보호하고 유지하기 위한 정서적인 반응이다. 그러니 섣불리 분노를 표출하지 말고 적절하게 조절하는 것이 중요하다. 화가 나는데도 겉으로 화를 내지 않는 사람은 결국 속병이 생긴다. 아니면 화를 은밀하게 품고 다니다가 어느 순간 다른 사람들을 공격할 수도 있다. 분노는 우주에 발산하라. 그리고 한동안 마음이 말해 줄 때까지 기다려보자. 고치를 엮지 않는 애벌레는 나비가 될 수 없듯이 긍정적으로 변화의 과정을 수용하지 않으면 성공적 은퇴를 맞이할 수 없다.

⑤
오늘, 진정한
나와 마주할 때

낡은 명함에 연연하지 마라

현직이 화려했던 사람일수록 은퇴한 뒤 명함에 '전(前)'이라고 표시된 과거 직함을 써 넣는 경우가 많다. 그게 다 무슨 소용인가. 내재된 지위의식과 자존심을 버리고 의미 있는 일을 한다는 차원에서 새로운 현직을 써 넣는 게 더 중요하다. 돌아갈 수 없는 과거는 과거인 채로 잊어야 한다. 그런 뒤에 미래를 응시해야 자기 삶의 주인공이 될 수 있다. 철학자 니체는 "지혜로운 사람은 무엇이든 마음에 담아 놓지 않는다"고 했다. 봄이 오려면 그 전에 가을과 겨울이 지나가야 하듯이 새로운 것을 시작하기 위해서는 옛것에 안녕이라고 말해야 한다. 어제를 버리지 않고 내일을 창조할 수 없다.

미얀마의 원주민들은 아주 간단한 덫으로 원숭이를 잡는다. 코코넛에 작은 구멍을 뚫고 바나나를 넣어둔 뒤 나무 밑동에 묶어놓는다. 원숭이는 바나나를 잡으려고 구멍 안으로 손을 넣지만 바나나를 쥔 상태로는 손을 뺄 수가 없다. 원숭이는 자신의 손아귀에 들어온 바나나를 포기하지 못하고 결국 사람들에게 잡히고 만다. 은퇴 후에도 현직에 집착하는 사람은 바나나에 집착해 덫에서 빠져나오지 못하는 원숭이와 다를 바 없다.

흔히 현실이 못마땅하고 생각만큼 풀리지 않을 때 "왕년에 내가……"라고 회상하며 입맛을 다신다. 팍팍한 현실에 털퍼덕 주저앉기가 두려워 추억의 끈이라도 붙잡고 마음을 추스르곤 한다. 그렇다고 해서 추억만으로 현실을 살아갈 수 있는 것은 아니지 않는가.

"내가 왕년에 직원 한 2천 명 거느린 기관장이었거든. 그땐 대단했지. 모두들 내 앞에선 꼼짝 못 했거든."

"내가 왕년에 레스토랑 사장할 때 버스 줄보다 더 길게 손님들이 기다렸지. 돈 엄청 벌었지. 지금은 다 날아가버렸지만 말이야."

"내가 왕년에 학교 교장 했을 때 아이들이 참 많이 따랐지. 지금 그놈들이 다 잘 자라서 장관, 회장을 하고 있어."

중요한 건 지금이야!

그런데 당신은 지금 어떤 모습인가? 예전보다는 지금이 중요하지 않은가. 예전에 아무리 영광을 누렸더라도 지금 아무것도 없다면 그냥 별 볼일 없는 사람 아닌가. 화려했던 옛날 이야기한다고 누가 알아주는가. 은퇴 후 직함이 남들 보기에 하찮은 것 같아도 내게 소중한 것이면 충분하다. 아니, 오히려 그게 더 멋있다. 은퇴 후 명함에 새로운 직함을 새겨 넣어보자. 은퇴 후 직함은 스스로 붙이면 되는 것이다.

돼지농장 주인, 펜션지기, 도시민박집 주인, 은퇴연금 전문가, 정치경제평론가, 한식요리 전문가, 전통음식 연구가, 푸른숲 해설가, 교통안전지킴이, 조각하는 노인, 커플매니저, 문화해설사, 사회체육지도자, 시인, 소설가, 영어교육지도사, 자원봉사 리더, 별 연구가, 동화작가, 동화구연가, 사진작가, 신지식인, 전통무예가, 창업컨설턴트, 상품스토리텔러, 학습장애지도사, 은퇴이주컨설턴트, 문화교류코디네이터, 노래강사…….

아무리 과거가 화려했어도 은퇴 후 명함에는 옛 직함을 절대 쓰지 말자. '노인과 나리꽃' 이야기는 지금 살고 있는 이 순간이 참으로 소중하다는 메시지를 전한다.

한 노인이 노래를 흥얼거리며 산길을 가고 있었다. 산길에 있던 나리꽃은 이상한 생각이 들었다.

'저 할아버지는 죽음을 앞두고 뭐가 저렇게 즐거울까?'

나리꽃은 노인을 멈춰 세우고 자신의 고민을 털어놓았다.

"할아버지는 뭐가 그리 즐거우세요? 저는 이제 곧 시들어버릴 것을 생각하면 슬프기만 하거든요."

노인은 웃으며 말했다.

"나리꽃아, 너무 슬퍼하지 마라. 나도 머지않아 이 세상을 떠나겠지. 하지만 우리에게 가장 소중한 것은 바로 지금 이 순간이야. 이미 지나가버린 과거나 아직 오지도 않은 미래 때문에 오늘을 망칠 순 없지 않겠니?"

변화는 선택이 아니라 필수

경제적, 심리적 장애물을 성공적으로 제거했더라도 은퇴 후 비전을 향해 나아가기 위해서는 하나의 장애물을 더 극복해야 한다. 그것은 급격한 세상의 변화이다. 이 시대에 살면서 동시대의 모든 것을 외면하고 살 수는 없다. 그래서 세상의 변화를 읽고 그 변화에 적응해나가기 위해 노력해야 한다.

요즘 세상의 변화는 메가 트렌드, 즉 거대한 시대적 조류라 할 수 있다. 글로벌 기업들의 몰락, 계속되는 산업 재편, 새로운 기술로 인한 파괴적 혁신의 일상화 등 거대한 변화의 중심에서 한 번 실패하면 다시 재기할 수 없는 상태에 빠져버릴 수도 있다. 날로 팽창하는 지식을 시시각각으로 습득하고 새롭게 출현하는 사회가치를 창조적으로 수용하기란 참으로 어려운 일이다. 그러나 우리는 세상의 변화를 읽고 어떻게든 적응해나갈 수밖에 없다. 변화에 대한 적응은 기본이고 변화를 통한 성장과 차별화된 경쟁가치를 마련해야 한다.

나태한 합의에서 비롯된 관성은 세상의 변화를 외면하게 한다. 베르나르 베르베르는 소설《나무》 중 〈달착지근한 전체주의〉라는 단편에서 "오늘날은 옛날에 조지 오웰이 예측했던 전체주의사회가 아니라고 하면서도 모두가 똑같은 방식으로 생각하는 잘못을 저지르고 다음 세대가 그 잘못을 또 증명한다"고 했다. 그러나 세상의 변화를 읽고 대처하는 것이 만만치 않다. 엄청난 변화의 진폭과 속도 때문이다. 이 시대의 변화는 인구통계적인 변화이고, 정치, 경제, 사회의 변화이며, 철학과 세계관의 변화이다. 이런 변화의 한복판에서 내일은 어제와 같을 것이라거나 단지 조금 더 다를 것으로 생각한다면 그것은 허황된 예측이다. 변화의 속도 역시 따라잡기 어려울 정도로 빠르다.

어느 북극 탐험가가 북극점이 7킬로미터 남은 지점에서 출발해 8시간을 걸었지만 여전히 7킬로미터가 남아 있었다고 한다.

걷는 속도만큼이나 유빙이 반대로 떠내려갔기 때문이다. 탐험가가 목적지인 북극점에 도달하기 위해서는 유빙의 속도보다 더 빨리 걸어야 했다. 마찬가지로 변화에 적응하려면 최소한 세상의 변화에 속도를 맞추거나 더 빨리 움직여야 한다.

변화관리 소재로 많이 이용되는 '황당한 치타' 이야기는 현대사회가 갈수록 경쟁사회로 바뀐다는 것을 말해준다. 치타가 나무 옆에서 입맛만 다시고 있어도 사슴이 제 발로 달려와 나무에 부딪혀 죽는 시절이 있었다. 굳이 머리를 써가면서 사냥하지 않아도 먹을 것이 생겼던 치타의 호시절이다. 그러다가 어느 순간 인간이라는 경쟁 상대가 나타나 치타의 먹이를 낚아채간다. 치열한 무한경쟁이 펼쳐진 것이다. 설상가상으로 치타를 잡아먹으려는 엽기적인 하마가 등장한다. 치타는 이 모든 변화를 거부하는 행동을 취해보지만 이미 엄연한 현실로 펼쳐지고 있다.

계속해서 과거의 성공이나 관행적 사고에 머무르며 하마의 먹이로 전락할 수는 없지 않겠는가. 지금, 그리고 앞으로 닥칠 실상을 있는 그대로 받아들이고 이전과는 판이하게 다른 사고방식으로 생존을 추구해야 한다. 이런 상황에서 성공할 가능성이 있는 유일한 방법은 미래를 만들려고 노력하는 것이다. 미래를 만들기 위해 노력하는 데에는 많은 위험이 따른다. 그러나 미래를 만들려는 노력을 하지 않는 것에 비하면 훨씬 덜 위험한 일이다.

고독력을 키워라 - 혼자 있는 시간을 즐기는 힘

우리 곁에 이미 온 '고령화 시대'는 홀로 있는 시간을 건강하게 즐기는 능력을 요구한다. 이른바 '고독력'이다. 외로움(Loneliness)이 홀로되어 쓸쓸한 마음이라면, 고독력(Solitude)은 '홀로 있는 시간을 즐기며 창의적으로 활용하는 힘'이다.

고독력을 키우려면 제일 먼저 남의 눈을 의식하는 데서 벗어나야한다. 체면을 벗어던지고 내가 하고 싶은 일을 할 수 있는 용기가 필요하다. 가족의 도움 없이 사는 날을 만들어 보는 것도 좋다. 집에서 혼자 밥도 해먹고, 빨래며 청소를 해보는 것도 좋고, 혼자 여행을 해보는 것도 괜찮다.

얽히고설킨 관계에서 쌓인 스트레스를 실컷 욕이라도 해서 배설하면 위축된 마음을 달랠 수 있다. 또한 홀로 있는 시간에 무언가에 몰입하여 자기계발과 성찰의 기회로 삼는다면 내면의 힘을 축적하는 시간이 될 것이다. 진정한 고독력은 고독에 처연하게 빠지는 것이 아니라 고독에서 초연하게 빠져나오는 데 있다.

은퇴 후에도 나는 더 일하고 싶다

아래의 해당사항이 많다면 고독력을 키워야 한다.

- 친한 친구가 없다고 느껴진다.
- 다른 사람을 만나는 것이 왠지 두렵다.
- 가까운 사람들이 부담스럽게 느껴진다.
- 다른 사람에게 필요하지 않은 사람이라고 느껴진다.
- 누구와도 생각을 나누기 어렵다고 느낀다.
- 세상 어디에도 소속감을 느낄 수 없다.
- 다른 사람들에게 할 말이 별로 없다.

,

꿈을
가꾸는 동안
늘 청춘이다

66

이제야말로 진정한 자신의 모습을
찾아갈 기회가 왔다.
확 뚫린 자유의 공간, 그것이 주는 느낌이
대단할 것 같지 않은가.

99

①

은퇴, 새로운 출발점에 서다

은퇴, 새로운 삶을 향한 비상

    은퇴는 새로운 비상이다. 이제야말로 진정한 자신의 모습, 진짜 나를 찾을 수 있는 기회를 얻은 것이다. 꿈의 미래를 찾아 도전을 시작하자. 확 뚫린 자유의 공간, 그것이 주는 느낌이 대단할 것 같지 않은가. 비행사이자 작가인 리처드 바크의 《갈매기의 꿈》은 여전히 우리들의 가슴속에 짙은 여운으로 남아 있다.

    갈매기에게 중요한 것은 먹는 일이었다. 그러나 갈매기 조나단 리빙스턴에게 중요한 것은 먹는 일보다 나는 일이었다. 더 높이, 더 멀리, 더 빠르게 하늘을 자유롭게 나는 것이었다. 조나단은 오랜 수련 끝에 자신이 원래 완벽하고 무한한 존재였음을 깨닫게 된다.

"우리 모두는 우리 안에 위대한 갈매기를 가지고 있어. 어떠한 걸림돌도 없는 자유를 말이지."

은퇴. 이제 진정한 우리 자신으로 돌아갈 자유를 얻은 것이다. 본래의 우리답게 행동할 수 있는 자유를 말이다. 어떤 것도 방해할 수 없다. 진정한 삶을 향한 껍질 깨기를 시작하자. 우리는 위대한 가능성을 자신의 내면에 간직하고 있다. 비행기가 공항의 출발선에서 모든 에너지를 쏟아내면서 이륙하듯이 온 힘으로 인생 2막을 향해 날아오르자. 인생시계 따위는 이제 필요 없다. 후반전, 연장전, 또 연장전. 살아있다면 늘 새롭게 시작할 수 있는 것 아닌가. 인생의 시간은 그 어느 시간이든 소중하고 평등하다.

은퇴의 시작은 마치 꽃이 자연의 과정 중에 피어나듯이 인생의 과정 중에서 이루어진다. 그것은 아무것도 존재하지 않은 무에서 출발하는 것이 아니다. 현직의 다양한 경험과 지혜를 바탕으로 새로운 가능성을 향해 희망의 나래를 펼치는 것이다. 과거는 미래를 가두는 감옥이 아니다. 과거에 갇히지 말고 과거를 딛고 미래로 일어나보자.

인생은 언제나 커다란 외침으로 새로운 시작을 알린다. 태어날 때 큰 외침으로 이 세상에 왔듯이, 은퇴할 때도 큰 외침으로 새

무대에 등장하자. 고대 그리스에서 전투가 벌어졌을 때 병사들은 '할라라'라는 함성을 지르면서 적을 공격했다고 한다. 성공적 은퇴를 향한 새로운 출발도 힘찬 함성으로 시작해보자.

시작, 낯설지만 나를 돋보이게 하는

시작은 낯설다. 그래서 사람들은 그것을 두려워한다. 시작은 희망과 설렘이다. 그래서 사람들은 그것을 기대한다. 시작은 가능성의 출발점이다. 그래서 사람들은 그것에 호기심을 가진다. 시작은 새로운 약속이다. 그래서 사람들은 그것을 힘겨워한다. 시작은 새로운 환경과의 만남이다. 그래서 그것은 새로운 유형의 인간을 요구한다.

이렇듯 시작은 언제나 복잡한 감정을 불러온다. 하지만 우리는 은퇴 후의 비전을 정립했고, 그 비전 앞으로 나아가기 위한 자기계발도 마쳤으며, 비전을 가로막는 장벽도 제거했다. 새로운 출발에 대한 공포는 더 이상 가질 필요가 없다. 내 안에서 불어오는 기분 좋은 설렘을 따라 인생을 서핑하기만 하면 된다. 바다에서 윈드서핑을 할 때는 파도를 헤치는 것이 아니라 파도를 타야 한다고 한다. 파도에 몸을 맡기는 것이다. 솟구치면 솟구치는 대로, 내리꽂히면 꽂히는 대로, 억지로 하지 않고 순리에 맡기면 된다. 은퇴 이후의 삶도 그저 하고 싶은 대로 해보자. 조건과 이유 없이 가장 순수하게 좋은 것을 따라가기만 하면 된다.

내면에서 올라오는 비전의 소리에 귀 기울이고, 그 비전을 몰입의 땀으로 가득 채워가기만 하면 된다. 과거를 잊고 미래로 나아가기만 하면 된다. 현재가 시들하고 미래에 대한 비전이 없을 때 흔히 지난날을 이야기한다. 시원하게 받아들일 건 받아들이고 인정할 건 인정해야 한다. 그런 후에야 은퇴 앞으로 나아갈 수 있다.

낙지 한 마리가 갯벌을 기어가고 있었다. 누군가 막대기로 낙지의 대가리를 내리쳤다. 정신이 아찔해진 낙지는 발끈하며 다리로 막대기를 움켜쥐고 놓아주지 않았다. 결국 낙지는 멀리 도망가지 못하고 잡히고 말았다. 사람들도 현직 생활을 하다 은퇴하면 마치 막대기로 뒤통수를 한 대 얻어맞은 기분이 들 것이다. 그럴 때 이럴 수는 없다며 화만 내고 있을 것인가? 막대기는 잡고 있으면 무겁기만 할 뿐이다. 던져버리고 나면 그 무거움은 사라진다. 놓아라. 그리고 희망과 설렘을 따라가라.

은퇴 후에도 나는 더 일하고 싶다

기분 좋은
설렘을 따라
파도를 타는 것처럼

2

나이 들어도
마음은 늘 푸르게

긍정적인 마음가짐이 내일을 만든다

꿈의 미래를 찾아 도전할 때는 실패를 머리에 떠올리지 말고 항상 성공하는 것에 집중해야 한다. 모든 것이 잘될 것이라고 생각해야 현실도 긍정적인 방향으로 풀려나간다. 어딘가에 문제가 있을 거라는 불안한 생각을 가지면 결코 비전을 향해 나아갈 수 없다. 부정적인 생각은 언제나 부정적인 결과를 가져온다. 우리는 이것을 '머피의 법칙'이라고 한다. 이는 미국의 항공 엔지니어 에드워드 머피가 실험 과정에서 조수에게 했던 말에서 유래한 것으로, 잘못될 가능성이 있다고 생각하는 일은 반드시 잘못되는 것처럼 인식하는 성향을 의미한다. 부정적인 생각을 갖고 있으면 모든 결과가 다 부정적으로 느껴지는 것이다.

반대로 '할 수 있다'는 신념은 긍정적인 결과로 이어진다. 다윗은 어떻게 골리앗을 이겼을까? 다윗은 '믿음이 가장 값진 무기'라는 생각으로 골리앗에 맞서 싸웠고, 결국 승리할 수 있었다. 다윗의 믿음이 칼이나 방패보다 강했던 것이다. 믿음을 갖고 은퇴를 맞이하자. 믿음으로 이기지 못하는 것은 없다. 은퇴라는 절망의 절벽에서 나락으로 떨어지는 꿈을 꾸는가? '만약에', '혹시'라는 부정적인 생각이 순간순간 찾아와 얼어붙게 하는가? 그렇다면 자신의 비전에 대한 믿음이 없다는 증거이다. 비전에 대한 믿음이 이러한 부정적인 생각들을 깨뜨릴 수 있다.

그래서 긍정 마인드가 중요하다. 남들이 "이건 안 될 것 같아, 정말 안 돼"라는 말을 할 때 "말이 씨가 된다. 그렇게 생각하니까 안 되는 거지"라고 충고해야 한다. 최근의 연구에 따르면 긍정이야말로 우리의 뇌와 몸이 지탱할 수 있는 진정한 에너지라고 한다. 긍정적인 생각과 정보는 부정적인 정보가 가져오는 신체적인 스트레스를 무력화시키는 역할을 한다고 한다.

미국 노스캐롤라이나대학교에서 심리학을 가르치는 바버라 프레데릭슨 교수는 긍정적인 감정이 신체적인 변화뿐만 아니라 심리적, 지적, 사회적인 모든 능력을 더욱 확장시키고 새롭게 만들어내는 역할을 한다고 주장한다. 은퇴 후 꿈의 미래를 찾아가는 첫 출발점에서 '만약에 안 되면?'이라는 부정적 감정에 사로잡힐 이유가 없다. 잘될 것이라는 긍정 마인드를 가지면 보이지 않는 길도 보이게 된다. 긍정은 어떤 상황에서도 목표에 집중하게 해주며, 하고자 하는 일을 스스로 자랑스럽게 여기도록 용기를 북돋아준다. 이제부터라도 꿈의 미래를 향해 나아가는 나에게 긍정적인 칭찬을 아낌없이 해주자.

작은 물결이 모여 바다를 흔들 듯이

꿈의 미래를 찾아가는 과정은 장기간에 걸쳐 진행되는 지루한 여정이 될 수도 있다. 그래서 틈틈이 가시적인 작은 성공 스토리를 만들어 간다면 훨씬 더 자신감과 신념을 가지고 비전 앞으로 나아갈 수 있다. 머뭇거리지 말고 작은 성과들을 쌓아나가자. 도전의 속도를 늦추지 말자. 그러면 결국 비전이라는 큰 길잡이별에 다다를 수 있을 것이다. 작은 성공들이 하나 둘 쌓여 간다는 것은 구슬이 하나 둘 실에 꿰어지는 것과 같다. 그 구슬들이 모여 예쁜 팔찌가 되고 목걸이가 완성되는 것이다.

처음부터 큰 비전을 한 번에 달성할 것을 목표로 하다 보면 그 비전에 주눅 들어 제대로 시작도 못 해보고 포기하게 될 수가 있다. 그래서 최종 비전으로 가는 중간중간에 쉽게 달성할 수 있는 작은 성공을 맛보라는 것이다. 좋은 날을 기다려 먼 항해를 하려고 계속 항구에 정박하기만 하면 결국 배는 녹슬고 고장 나서 움직일 수 없게 된다. 크고 작은 파도를 넘어 조금씩 항해하면서 작은 섬들을 만나는 과정을 통해 결국 최종 목적지 섬에 다다를 수 있다.

다이어트에 성공하는 사람과 실패하는 사람의 차이는 작은 성공을 한 번이라도 경험하느냐에 달려 있다. 단번에 몸무게가 확 줄어들기를 기대하면서 폭풍 다이어트에 돌입한다면 몸에 무리가 오고, 결국 좌절하면서 다이어트에 실패하게 된다. 반면에 한 번에 큰 감량을 바라기보다 조금씩 감량의 효과를 즐기는 사람은 계속해서 다이어트를 시도하고 결국 성공하게 되는 것이다.

여러 곳의 낮은 산을 매주 오르다 보면 등산에 자신이 붙어 끝내 아주 높은 산을 등정할 수 있게 되듯이 위대한 성공은 지금 자신이 이루는 작은 성공들이 모여 만들어진다. 미래는 지금 자신이 무엇을 하고 있느냐에 따라 달라진다. 기차가 언제나 푸른 들판만 달릴 수 있겠는가? 어두운 굴속을 지날 때도 있다. 하지만 그렇게 기차가 굴속을 지날 때도 다시 들판을 볼 수 있다고 믿어

낮은 산을 오르다 보면
높은 산도 오를 수 있지!

은퇴 후에도 나는 더 일하고 싶다

야 한다. 희망을 가지고 성공스토리를 만들어가면서 비전 앞으로 달려 나가자. 다만 작은 성공 스토리 몇 개로 너무 일찍 자축하여 긴장을 풀면 곤란하다. 도전의 속도를 늦추지 말고 지속적으로 정진해야 한다.

'바다로 간 불가사리' 우화는 사소한 작은 노력이 놀라운 결과를 낼 수 있다는 것을 알려준다.

한 소년이 해변에서 바다를 향해 불가사리를 던져 넣고 있었다. 지나가던 신사가 왜 그러는지 묻자 소년은 다음날 썰물이 되면 불가사리들이 다 죽기 때문이라고 대답했다. 신사는 해변에 있는 수많은 불가사리를 전부 살릴 수는 없다며 헛수고라고 말했다. 하지만 소년은 또 다른 불가사리를 집어 들고 대답했다.

"이 녀석에게는 큰 변화죠."

비록 완전한 성취를 이루지 못하더라도 그 과정에서 얻은 작은 성취만으로도 의미가 있다. 시도하지 않으면 아무것도 성취되지 않는다.

나만의 독립기념일을 갖자
- 새로운 시작을 위한 의식

세상의 굵직한 변화 앞에서 우리는 적절한 애도 의식을 거행한다. 퇴임식, 졸업식, 송별회, 장례식은 모두 애도 의식이다. 새 출발을 알리는 결혼식이나 입학식도 바꿔 생각하면 지난 시간에 대한 끝점을 분명하게 찍는 순간이다. 이런 상징적인 행사는 마음을 더 단단하게 만드는 역할을 한다.

본격적으로 새로운 시작을 해야겠다는 생각이 마음 깊은 곳에서 올라온다면 그날을 독립기념일로 정하고 나만의 의식을 거행해보자. 국민의례, 애국가 제창은 생략하더라도 독립선언서는 준비하자. 짧은 다짐이면 충분하다. 글씨는 연필로 쓰자. 잘못 쓴 건 지우고 다시 쓸 수 있는 연필처럼 앞으로의 시간을 유연하게 대처할 수 있기를 바라는 마음에서다. 새롭게 출발하는 자신의 모습을 사진으로 남기는 것도 좋다.

새로운 시작은 건강한 이별 후에 비로소 찾아온다.

제2의 현역을 위한 독립선언서

앞으로의 각오와 현재의 느낌을 적어보자.

년   월   일   서명:

169

③

아직 은퇴에
적응하지 못하고 있다면

누구나 때가 되면 물러나야만 한다

은퇴하고 나면 현직의 상황과는 다른 새로운 환경과 마주치게
된다. 특히 현직에 있을 때는 많은 일을 아랫사람이나 동료들이
해주었지만, 퇴직 후에는 모든 일을 본인이 스스로 해야 한다. 그
래서 일상의 일들을 새롭게 배우면서 살아가는 법을 익힐 필요가
있다.

내가 몇 년 전 퇴직했을 때에도 여러 가지 어려움을 겪었다.
현직에 있을 때는 매일 새벽에 출근해서 늦게 퇴근했기 때문에
집에서 밥 먹을 날이 거의 없었다. 하지만 퇴직하고 나니 집에서

스스로 챙겨 먹어야 하는 날이 많아졌다. 처음 얼마간은 아내가 챙겨주었지만 이래저래 바쁜 사람에게 매번 밥 달라 조를 수는 없는 것 아닌가.

강의 자료를 만드는 것도 마찬가지였다. 스스로 프레젠테이션 작업을 해보지만 좀처럼 마음에 들지 않았다. 현직에 있을 때라면 직원들이 예쁘게 꾸며주었을 텐데 혼자 하려니 여간 어려운 작업이 아니다. 더구나 작업하던 컴퓨터가 먹통이 되기라도 하면 여간 난감한 일이 아니었다.

이제 어떻게 살아야 하나? 관점과 방법을 바꿔야 한다. 은퇴 후에는 의존할 데가 없어지니 당연히 독립해야 한다. 독립하지 않아 발생하는 손해는 결국 자기 자신이 모두 책임질 수밖에 없다. 《탈무드》에 "돌멩이가 항아리 위에 떨어지든, 항아리가 돌멩이 위에 떨어지든, 어쨌거나 모두 항아리의 불행"이라는 말이 있다. 결국 스스로 은퇴했든 은퇴가 갑자기 찾아왔든 간에 그로 인해 발생하는 모든 문제는 스스로 해결해야 한다.

또한 은퇴는 조력자들을 동시에 은퇴시켜버린다. 타인으로부터 거부당하고 버림받는 것은 더 없는 좌절과 두려움의 원천이 될 수 있지만 은퇴는 그런 것이 아니다. 은퇴는 버림받게 된 것이 아니라 삶의 관계망이 바뀐 것에 불과하다. 그러니 의기소침해할 것 없이 그런 환경에 적응하고 빨리 친숙해져야 한다. 갑자기 독립하는 것이 어렵고 어색하겠지만, 인생은 어느 시기이건 그 시기에 적응하면 그에 맞는 즐거움을 찾을 수 있다.

채우기보다는 비우는 지혜가 절실

은퇴 환경은 현직과는 다른 새로운 인간상을 요구한다. 상황에 맞는 새로운 생각과 행동을 해야 은퇴생활이 행복해진다. 그런데 간혹 은퇴 후에도 '나 아직 죽지 않았다'며 오히려 더 호기롭게 행동하고, 어딘가 고집스러운 면모를 보이는 이들도 있다. 흔히 '노욕(老慾)'이라고 부르는 모습들이다.

나이가 들어 더 이상 할 수 있는 것이 많지 않음에도 자신이 가지고 있는 것을 결코 내려놓지 못하는 이들이 있다. 욕심이 끝이 없어 자신의 나이와 처지를 잊어버린 채 끊임없이 탐하고, 돈과 권력을 쫓는다. 결국 나이가 들어감에 따라 해방되는 경험을 맛볼 것인지, 아니면 욕심의 노예로 남아 있을 것인지는 우리가 앞으로 걸어갈 삶의 방식에 달려 있다.

현직에 있는 동안 남에게 지지 않는 자존감만으로 살아왔고, 그래서 다른 가치들로는 자신의 존재 의미를 찾을 수 없더라도,

가볍게
덜어내기

제4단계 · 꿈을 가꾸는 동안 늘 청춘이다

은퇴 후에는 끝없이 욕심을 추구하는 그 길에서 벗어나야 한다. 노년의 자존감은 욕심보다는 사랑, 협력, 배려, 나눔 등의 가치로 채워가는 것이 옳다. 우리는 돈이 많지 않아도 행복할 수 있다는 것을 알고 있다. 굳이 기력이 쇠해져 가는 몸을 이끌고 돈을 벌어들일 필요가 없다.

은퇴하면 소득이 줄어드는 것이 자연스러운 현상이다. 그러니 많이 벌어 많이 쓸 생각은 버리고 적게 벌어 적게 쓸 생각을 하면 된다. 은퇴하면 해야 할 중요한 일도 적어지고, 바쁘게 서두를 일도 적어지며, 책임도 의무도 줄어든다. 반면에 단순함의 자유를 즐길 수 있는 여유는 늘어난다. 쓸데없이 복잡한 것들은 노년을 짜증스럽게 한다. 그래서 과한 욕심을 버리고 심플하게 살면 쉽게 행복해질 수 있다. 더 하려고 하는 욕심 대신 조금 덜 하면서 실리를 추구하자.

법정 스님은 "연잎은 자신이 감당할 만한 빗방울만 싣고 있다가 그 이상이 되면 미련 없이 비워 버린다"고 했다. 욕심을 낼수록 영혼과 육체는 무겁게 짓눌린다. 때문에 나이가 들수록 자신이 감당할 수 있을 만큼만 가져야 한다. 노년에는 '더'라는 글자보다는 '덜'이라는 글자에 친숙해져야 할 것이다.

행복을 결코 돈으로 채울 수 없다

이제 인생의 계절은 봄, 여름, 가을을 지나 겨울로 향해가고 있다. 겨울의 문턱에서 잠시 생각해보자. 어떻게 사는 것이 남은 인생을 잘 사는 것인지를 말이다. 현직에 있는 동안은 조직에 충성하면서 돈을 벌고 가족을 부양하는 물질적인 삶에 치중할 수밖에 없었다. 하지만 은퇴와 함께 인생의 전환점에 도착해도 계속 이렇게 살 것인가? 아니, 계속 이렇게 살 수 있을까?

나이가 들면 자연스레 기력이 떨어지고, 돈으로 할 수 있는 일은 줄어들기 마련이다. 설사 최선을 다해 돈을 쓰고 다닌다 해도 그것이 행복을 가져다 줄 것인지 의문이다. 돈을 가지고 저승으로 넘어갈 수도 없는 노릇이다. 그래서 노후의 어느 순간에는 그 대단한 돈이라는 것도 한낱 종이에 불과한 존재가 된다. 정말 중요한 것은 돈이 아니었다는 뒤늦은 후회와 함께 말이다. 결국 돈 욕심으로부터 어느 정도 자유로워지는 것이 우리가 이상적으로 생각하는 은퇴 이후의 모습이다.

현역 시절에는 돈을 벌 수 있는 기회가 많지만 은퇴 후에는 그 기회가 점점 줄어들게 된다. 사실 그렇게 계속해서 돈을 벌 필요는 없다. 은퇴한 후에는 연금으로 좀 적게 쓰면서 살면 된다. 그래서 노년에 요구되는 삶은 물질보다는 삶의 의미에 초점을 맞추는 삶이다. 모아 놓은 돈으로 마냥 즐기면서 사는 것도 좋지만 그럴 경우 시간이 너무 느리게 흘러갈 것이다.

'배고픈' 것보다 '일고픈' 것이 더 큰 문제이다. 진정 자기가 하고 싶은 일을 하면서 거기서 삶의 의미를 찾아야 한다. 물질보다는 정신적 가치가 노년에 어울리는 소품이다. 그래서 노년에는 지갑에 돈을 채우는 것보다 마음속에 지혜를 채우는 데 신경을 써야 한다.

남을 공감할수록 나를 공감해준다

현역 시절에는 경쟁하면서 남을 이기는 데 필요한 논리적인 사고가 중요했다. 무언가 논란이 되는 상황에서 뒷받침할 수 있는 근거를 동원해 자신의 주장이 타당함을 설명해야 한다. 그래야 자리도 보전하고 승진도 할 수 있다. 그러나 은퇴 후에는 이웃과 동료를 이해하고 유대를 강화하며 상대를 배려하는 마음이 더 중요하다. 그래서 다른 사람과 소통할 때도 논리적 주장보다는 공감되는 스토리로 접근하는 것이 좋다.

흔히 나이 들면서 점점 외톨이가 되어간다고 한다. 그 원인 중

머리가 아닌
가슴으로
들어야 한다

하나가 자녀와 이웃들에게 논리적으로 꼬치꼬치 따지는 것이다. 내 생각이 무조건 옳다 하고, 심해지면 잔소리를 늘어놓는 것이다. 그것이 쌓이면 감정의 앙금이 생기고 점점 더 멀어진다. 그것보다는 기쁨과 슬픔과 사랑을 함께 나눌 수 있는 따뜻한 가슴을 갖는 편이 좋은 인간관계를 만든다. 물론 쉽지 않다. 김수환 추기경조차도 "사랑이 머리에서 가슴까지 내려오는 데 70년이 걸렸다"고 하지 않던가. 가슴으로 사랑하고 공감하는 것은 그만큼 어려운 일이다.

공감은 마음을 주고받는 것이다. 그러니 많은 말도 필요 없다. 상대의 말에 '아! 그랬구나. 그렇지'라는 반응만 보여줘도 된다. 함께 이야기 나누고 공감해주는 것만으로도 자신을 이해하고 인정해준다는 안도감을 가지기 때문에 관계가 좋아진다. 나 역시 평생 싸우지 않다가 근래 들어 아내와 몇 번 다투게 된 일이 있다.

"내가 한 말에 왜 반응이 없어? 이제 내가 보기 싫은 모양이지. 그렇게 하찮게 보여?"

아내가 버럭 화를 낸다. 옛날이나 지금이나 내가 무뚝뚝한 건 마찬가진데 이 사람이 갑자기 왜 이러지? 갱년기증후군이 이제야 나타난 걸까? 괜히 성가시게 매달리지 않고, 혼자 밥 해먹고, 책도 보고, 돈도 벌고 이렇게 지내는 게 현명한 방법인 줄 알았는

데 그게 아닌 것 같다. 품안의 자식도 커서 멀어지고 남편도 혼자서 잘 사니 화가 나는 거야. '아, 그래서 그랬구나'라는 생각이 머리를 스친다. 이제 진정한 마음으로 사소한 눈빛까지도 충분하게 리액션을 취해야겠다고 다짐한다.

자기논리에 도취되어 소통의 장벽을 넘지 못한다면 노년이 불행해진다. 주위 사람들에게 공감만 잘해줘도 인복 있는 사람이 될 수 있다. 블로그에 댓글을 쓰듯이 현실에서도 타인에 대한 공감과 마음의 댓글이 중요하다. 내가 필요에 의해 찾아간 사람에게 공감을 눌러주면 어느 순간 내 마음에도 수많은 공감이 눌러져 있을 것이다.

죽을 때까지 재미있고 여유롭게

웃음과 유머, 게임과 놀이, 정신적인 여유 이런 것들이 노년의 삶을 윤택하게 한다. 진지하게 사는 것도 좋지만 노년에는 여유로움이 더 어울린다. 좀 더 관대해지면 좋겠다. 마음이 넓고, 인정이 많고, 아낌이 없고, 너그럽고, 풍요롭고, 자유롭고, 배짱이 두둑한 이런 삶 말이다.

나이 들어 너무 진지하게 살면 인생이 재미없고 따분할 것 같지 않은가. 일상이 재미없는 이유는 유머를 잃어버리고 조바심이나 궁금증으로 살아가기 때문일 것이다. 이근후 이화여대 명예교수는 《나는 죽을 때까지 재미있게 살고 싶다》에서 "나이 든다는 것은 누구에게나 좋은 일은 아니다. 하지만 누구에게나 오는 것이기 때문에 이 또한 받아들여야 할 생의 궤적"이라고 했다. 그리고 나이 들면서 즐거운 일을 만들어가겠다는 마음가짐이 중요하다고 강조했다. 역시 멋지게 나이 드는 조건은 진지함보다는 재미와 여유다.

삶에 여백을 마련해두자. 분초 단위의 빡빡한 삶보다는 여유가 있는 삶이 노년에는 더 어울린다. 웃어주는 여유, 남에게 희망을 선물하는 여유, 말을 많이 하지 않고 많이 들어주는 여유, 책을 읽고 사색하는 여유, 가슴으로 사랑하는 여유가 인생 2막에 행복을 가져다줄 것이다.

태평양에 떨어지는 비는 온종일 떨어져도 흔적이 없다. 햇볕 좋은 날 증발시켜 구름으로 날려버리면 그만이다. 나의 가슴에 돋아나는 원망과 화도 우주에 날려버리면 그만이다. 잠시 멈추면서 가만히 머물러보자.

세월 흘러
이 나이 되었는데
남은 거라곤
내 그림자뿐

뭐 그리 큰 걸
남기려는 것 아니다.
아름다움
그것이면 충분하다.

경쟁이 아닌 조화로운 삶

경쟁은 자신만을 유리하게 하는 반쪽짜리 생각이다. 반면에 조화는 자신과 남들을 함께 유리하게 하는 공동체의 생각이다. 현직에 있을 때에는 경쟁하면서 살아야 하지만 은퇴하면 많은 것을 내려놓고 어울려 사는 자세가 필요하다. 계속 경쟁만 하다가는 어항 속에서 튀어나온 물고기처럼 숨을 헐떡대다가 결국 죽게 된다. 경쟁적 삶에서 벗어나 조화로운 삶을 사는 것이 아름다운 노년의 삶이 아닐까.

조화롭게 산다는 것은 물질주의에서 벗어나 인간의 본질에 충실한 자연주의의 삶을 살아가는 것이다. 감당할 수 없는 욕망, 남을 착취하여 얻은 것을 자기 것으로 만들고, 부를 쌓기만 하려는 노년은 가망이 없다. 경쟁적으로 돈 잘 버는 노인보다 멋진 이야기를 가진 노년의 이미지가 훨씬 좋다. 묘하게 기분 좋은 분위기를 연출할 수 있다면 성공적인 노년이 아닐까. 마주서는 순간 우리들의 마음을 빼앗는 매력 있고 푸근함이 있으면 더욱 좋다.

세상의 모든 강은 굽이굽이 돌아서 바다로 흘러 들어간다. 직선으로 가면 시간이 단축될지 모르지만 산과 들과 마을과 조화를 이루면서 돌아가는 것이 아름답고 자연스럽다. 우리에게 이러한 강물 같은 여유가 없다면 항상 다른 사람과 마찰을 일으키게 된다. 서로 득을 보겠다고 경쟁하는 마음이 다툼의 원인이다. 짠물은 마실수록 목이 마르듯이 경쟁은 할수록 더 치열해진다. 돈을 벌면 더 벌고 싶은 게 인간의 마음이다. 한번 다투어 이기면 또 다투어야 할 거리가 생긴다. 은퇴 후 노년에까지 계속 이런 삶을 살아야 할 이유는 없지 않은가. 젊었을 때에는 햇볕만 쬐게 해달라며 기도했지만, 나이 들면 비도 좀 맞아가며 살아야 하지 않겠는가. 좀 젖으면 어떤가. 다시 해가 뜨고 시간이 지나면 아무것도 아닌 것이다.

은퇴 후에도 나는 더 일하고 싶다

더욱 옳은 선택을 하라
- 함께 행복해지는 삶을 위해

　행복에는 여러 단계가 있다. 그저 잘 먹고 잘 입고 잘 자는 '생리적 단계'의 행복, 이런 거 저런 거 다 떠나서 '자기 삶에 몰입'하는 행복, 그리고 자아실현과 함께 좋은 세상을 만들어 가는 '공동선을 추구'하는 행복도 있다.

　노후준비를 어느 정도 한 사람들은 은퇴 후 생리적 단계의 행복은 큰 문제가 없을 것 같다. 그리고 '각자도생의 시대, 안 주고 안 받고 나 하나 잘살면 그만'이라고 생각한다면 부단한 노력으로 자기 삶에 몰입하는 행복까지는 맛볼 수 있을 것이다. 그러나 이 정도로는 누군가로부터 '어르신' 소리를 듣는 행복은 맛볼 수 없다. 사람이 혼자만 잘 사는 것보다 주위 사람에게 존경과 그리움의 대상이 되며 사는 것이 좋지 않은가. 그래서 '공동선을 추구하는 삶'이 중요하다.

스스로에게 이런 질문을 던져보자.

내가 선택한 그 일로 인해 누가 행복해지는가?

내가 행복하면서 다른 사람에게 영향을 주지 않으면

그 선택은 옳다.

내가 조금 덜 행복하더라도 남이 행복하다면 그 선택도 옳다.

나와 더불어 다른 사람까지 행복하다면 그 선택은 더욱 옳다.

우리는 언제나 더 옳은 선택을 위해 노력해야 한다.

은퇴 후에도 나는 더 일하고 싶다

황혼에서
인생의 길을 묻다

은퇴 후와 노년을 걱정하는 이들에게

정진홍 이화여대 석좌교수는 《노년, 노년을 말하다》라는 글에서 노년의 삶에 대해 이야기한 적이 있다. 그는 나이를 먹으면, 자신이 신선이 되는 줄 알았다고 했다. 욕심도, 미움도 다 사라질 줄 알았단다. 하지만 그건 기대에 불과했고 현실은 달랐다. 신선처럼 되지는 못했지만 그래도 좋아진 것은 있었다. 오랜 세월을 살아온 만큼 더 많은 것을 보고, 듣고, 잘 판단하게 되었다. 그만큼 삶이 편해졌고 자유로운 인생을 살게 된 것이다. "일흔을 넘어 살아보니 그렇더라"는 말에 참으로 공감이 간다. 그래서 인간은 나이 들어 완성되는 것이 아니라 점점 익어가고 성숙되어 가는 존재인가 보다.

삶은 태어나서 죽을 때까지 끊어지지 않는 긴 과정의 연속이다. 노년에도 젊었을 때 못지않은 삶이 있다. 오히려 젊었을 때 보고 느끼지 못했던 것들을 새롭게 겪을 수 있다. 그래서 미국의 시인 헨리 위즈워스 롱펠로는 노년의 삶의 목적과 가치에 대해 이렇게 노래했다.

노년은 비록 차려 입은 옷만 다를 뿐
젊음에 버금가는 기회인 것을.
하여 저녁 어스름이 옅어지면
낮에는 보이지 않던 별들이 하늘에 가득하다네.

또한 영국 시인 테니슨은 그의 시 〈오크〉에서 인생을 사계절의 오크나무에 비유하기도 했다.

네 일생을 살라,
젊은이 늙은이여,
저 오크같이,
봄에 찬란한 금으로.

여름에 풍성하게
다음엔 그 다음엔
가을답게 변하여
은근한 빛을 가진
금으로 다시.

모든 잎은
끝내 떨어졌다.
보라, 우뚝 섰다.
줄기와 가지뿐,
적나라한 힘.

인생이 젊었을 때는 봄에 돋아나는 오크의 금빛 새순과 같이 찬란하고 싱싱해야 한다. 중년에는 여름의 무성한 잎을 자랑하는 오크와 같이 풍성해야 한다. 장년에는 가을에 오크의 잎이 은은하게 변하듯이 은근한 빛을 발하며 살아야 한다. 노년에는 겨울의 오크가 잎은 다 떨어져 줄기와 가지만 남지만 기품을 잃지 않고 굳건히 서 있듯이 모든 것을 내려놓고 당당하게 살아야 한다.

노년의 위기를 이기는 해법

우리는 일찍이 경험해보지 못했던 인생 100세 시대를 살고 있다. 오래 산다는 것이 축복보다는 위기로 느껴진다. 다가오는 고령화 지진. 이제 어떻게 살아야 하는가? 노년의 위기를 극복하기 위한 새로운 해법은 무엇인가? 그것은 리더십, 윤리성, 창의성, 그리고 행복에서 찾을 수 있다.

첫째, 리더십은 해법 가운데 으뜸이다.

도덕적 교훈으로 노인이 공경 받던 시대는 지나갔다. 그 기반이 되었던 동양의 유교, 서양의 청교도적 가치관이 산업사회와 함께 멀어졌기 때문이다. 현대사회에서 노인들은 자칫 한물간 인간, 의존적 존재로 여겨지질 수 있다. 그래서 이를 극복하기 위해서는 노년의 리더십이 필요하다. 경험과 지혜를 가진 자원으로서 따뜻한 가슴과 열정으로 문명사회에 산재한 위기를 해결하려는 리더십 말이다.

늙은 랑구르 원숭이는 무리에서 쉽게 내몰리고 무시당한다. 그런데도 수호자로서의 위상은 약해지지 않는다고 한다. 서열은 낮아지지만 무리를 지키는 중요한 역할을 수행하기 때문이다. 늙은 원숭이는 어느 나무에 열매가 달리고, 물은 어디에 있는지를 가장 잘 알고 있으며, 이를 다른 원숭이들에게 전수한다. 적에게서

무리를 지키는 데도 거리낌 없이 앞장선다.

누가 이 늙은 랑구르 원숭이를 쓸모없다고 하겠는가. 오히려 그 리더십은 헌신적이고 위대하며, 그 무엇과도 바꿀 수 없는 가치가 있다.

비록 젊었을 때만큼 힘은 쓸 수 없을지라도 세월이 주는 선물인 '노년의 지혜'를 공유하면서 공동체를 유지하고 이끌어가는 리더십이 필요하다. 그래야 노년에 자존감도 생기고 세상도 함께 밝아진다. '흰 토끼와 달님 이야기'는 자신이 가지고 있는 지혜라고 해서 혼자만 가지는 것보다 함께 공유하는 것이 현명하다는 메시지를 전해준다.

지혜로운 토끼가 매일 밤마다 숲 속에서 달을 감상했다. 신은 달에 관해 누구보다 잘 알고 있는 이 토끼를 달의 소유자로 정했다. 달이 온전히 토끼의 것이 된 것이다. 하지만 이때부터 뭔가 달라지기 시작했다. '이건 내 달이야'하는 생각이 달을 보는 즐거움을 잠식했기 때문이다. 먹구름이 달을 가리기만 해도 불안했고, 보름달이 기울기 시작하면 자기 살이 잘린 것같이 아팠다. 달을 봐도 더 이상 아름답지 않았다. 결국 토끼는 신에게 달을 돌려주고 말았다.

둘째, 윤리성 역시 고령화 사회에서 노년의 위기를 극복하기 위한 중요한 해법이다.

매일매일
더 커지는 사랑

은퇴 후에도 나는 더 일하고 싶다

은퇴자에 대한 공경은 기본적으로 노년의 윤리의식에서 시작된다. 2014년 한 신문의 인터뷰에서 "노인 세대를 절대 봐주지 말라"고 한 양산 효암학원 이사장 채현국 선생의 어록은 노년의 윤리의식의 중요성을 보여준다. 그는 노인 세대에 쓴소리를 한다. 많은 노인 세대들이 생각해야 할 것을 하지 않고, 배워야 할 것을 하지 않고, 남한테 해줘야 할 것을 하지 않았다는 것이다.

"저 사람들은 매 순간 안 했어. 젊은 날에, 열 살 때, 스무 살 때, 서른 살 때 늘 해야 할 걸 안 했어."

덧붙여 그는 말했다.

"좀 덜 치사하고, 덜 비겁하고, 정말 남 기죽이거나 남 깔아뭉개는 짓 안 하고, 남 해코지 안 하고."

이것만 지키며 살아도 인생은 살 만하다고 그는 강조한다.

한편, 고령화사회에서 노년의 윤리성은 사회보장과 관련된 것도 주목해야 한다. 공적 연금과 건강보험 등 사회보장제도에서 지나친 욕심과 도덕적 해이를 경계해야 한다. 고령화로 인한 사회보장비용이 급증하는 상황에서 비용을 부담하는 젊은 세대의 고통을 외면한 채 욕심만 차려서는 공경을 받을 수 없는 것이다. 톨스토이는 "사랑 = 타인에 대한 사랑 / 자신에 대한 사랑"이라고 등식화했다. 자신에 대한 사랑이 크면 사랑은 줄어들고, 타인에 대한 사랑이 크면 사랑은 늘어난다. 분모를 줄이고 분자를 늘이는 실천이 절실하다.

셋째, 창의성은 추락하는 노년의 위기 사슬에서 해방될 수 있는 진정한 길이다.

제자리에 남아 사라지지 않으려 해도 최소한 변화하는 세상과 같은 속도로 진화해야 한다. 세상을 보는 새로운 눈을 틔우고 노년의 브랜드 파워를 키워보자. 강한 열망을 가진 노년이 때로는 젊은이를 앞지를 수도 있다.

노년이라고 해서 창의적인 생각과 새로운 것을 하지 말라는 법이 없다. 남의 것을 참고하여 발전시켜보고, 자기의 내면에서 인생의 모든 경험을 끌어내보자. 이런 것들을 축적하다 보면 어느 순간 창조의 에너지가 폭발할 수도 있다. 세상의 일에 항상 문제의식을 가져보자. 창의성은 주로 연구, 예술 분야에서 발휘된다. 어떤 관심 분야를 연구하면서 추론해나가거나, 가설을 설정하고 검증해냄으로써 세상에 가치를 보태는 창조적 결과를 낼 수 있다. 글이나 그림 등 예술적 분야에서 창의성을 발휘해보는 것도 자기 마음을 채우고 세상도 아름답게 가꾸는 방법이다.

젊음의 유전자 네오테니를 간직하면서 세상의 일에 관심을 갖고 재미를 느껴보자.

넷째, 행복해지려고 노력하는 것이야말로 노년의 위기를 극복하기 위한 가장 원초적인 해법이다.

은퇴 후 30년이나 되는 기나긴 세월을 어떻게 살아갈지 막막해진다. 나이 들면서 여러 가지 퇴행성 질병에 걸리거나 경제사정이 더욱 악화된다. 젊은이들이 일터로 빠져나간 집에 홀로 남으면서 고립감이 생긴다. 가까운 친구나 가족의 죽음과 같은 안 좋은 일들이 마음을 괴롭힌다. 그래서 노년기에는 우울증이 찾아들기 쉽다. 열심히 뛰고 걷고 사색하면서 우울감이라는 것이 찾아들 여지를 남기지 말아야 한다.

세상을 살아가면서 불행한 일이 없기를 기도하지만 그럴 확률은 별로 없다. 비보다는 햇빛이 들기를 바라지만 비가 올 때는 비를 맞으며 살아야 삶이 풍요로워진다. 1년 내내 햇빛만 계속되면 인생이 사막처럼 무미건조해지지 않을까.

행복하게 사는 것, 이것이야말로 인간 존재의 의미이다. 물욕, 명예욕에 젖어 소중한 마음을 소홀히 한다면 불행한 삶이 될 수밖에 없다. '저것만 갖추면 행복할 거야'라고 생각하면 행복은 항상 그만큼 먼 곳에 있다고 한다. 욕심 내려놓기, 집착 버리기, 이런 것들이 쉽지는 않겠지만 마음을 다잡아야 한다. 마음 가는 일에 열정을 쏟아 붓고, 자신의 색깔대로 설레면서 살아보는 것이야말로 진정한 노년의 행복으로 안내할 것이다.

/

은퇴관리는
노후관리가 아닌 노전관리

세월은 가고 우리 모두 노년을 맞게 된다. 젊은 날에는 그런 날
이 언제 올까 싶을 정도로 아득한 먼 훗날의 일로 여겨지지만, 세
월은 숨 가쁘게 흘러 어느 날 노년이 우리 앞에 서 있을 것이다.
젊은 날이 항상 함께하지 않는다는 사실을 명심하고 노년을 준비
했어야 하지만 그게 어디 그렇게 쉬운 일이던가. 노년을 산다는
것은 만만치 않은 일이다. '준비된 노년'은 축복일 수 있지만 '준비
되지 않은 노년'은 재앙이다.

결과적으로 은퇴관리는 노후관리가 아닌 노전(老前)관리라
고 할 수 있다. 현역활동 기간 중에 차근차근 준비해서 점진적으
로 은퇴하는 것이 현명한 퇴장이다. 준비되지 않은 노년은 자신
에게도 어렵고 사회에도 부담이 된다. 이른바 YO세대(Young Old

Generation)라는 새로운 중년을 미리 준비하자.

베르나르 베르베르가 쓴 단편소설 〈황혼의 반란〉은 노년의 위기를 다룬 끔찍한 이야기이다. 초고령사회 프랑스에서 노인 배척 운동이 일어난다. 학자들이 TV에 나와 사회보장 적자는 노인들 때문이라고 외친다. 대통령은 신년 담화에서 "노인들을 불사(不死)의 로봇으로 만들 수는 없다"고 선언한다. 곧바로 노인들에 대한 약값과 치료비 지급이 제한된다. 노인들을 붙잡아 '휴식·평화·안락센터'에 가두고 독극물 주사를 놓아 죽인다. 그러자 노인들이 들고 일어나 생존을 위한 게릴라 투쟁을 시작한다. 체포된 주인공 프레드는 죽기 전에 자신에게 주사를 놓는 자의 눈을 차갑게 쏘아보면서 이렇게 말한다.

"너도 언젠가는 늙은이가 될 게다."

이 소설에서는 사회의 모든 부정적인 요소인 인구과밀, 실업, 세금 등을 노인들 탓으로 돌리고 있다. 쓸모없는 노인들로 세상이 채워진다면 이런 끔찍한 일이 현실이 될 수도 있다. 우리 사회가 이 소설의 비극을 닮지 않기 위해서는 철저한 준비를 통해 사회에 부담을 주지 않고 오히려 도움을 주는 은퇴자들이 많아져야 한다.

은퇴의 출발점에서는 '아! 이렇게 어려울 줄 알았더라면 무엇이든 미리 준비할 걸……'이라고 후회하는 일이 없어야 한다. 은퇴의 종착역에서는 '아! 이렇게 오래 살 줄 알았더라면 무엇이든 다시 시작할 걸……'이라는 후회 역시 하지 말아야 한다.

"내가 살면 얼마나 살겠나! 은퇴 후 한 10년 정도 더 살겠지"라고 생각하면 안 된다. 나의 경우에는 40대 중반부터 나름 은퇴준비라는 것을 생각하고 실천해 왔다. 경제적인 준비와 함께 할 일을 위해 관련분야 공부도 했다. 너무 열심히 준비했던지 1차 직업을 마치고 다시 더 보람 있는 현직생활을 하는 행운도 안게 되었다. 여러분들의 행복한 인생 2막을 기원한다.